养之道 唯名与器

——一个小学校长的德育创新与实践

柯中明 著

中国致公出版社
China Zhigong Press

图书在版编目（CIP）数据

德养之道 唯名与器：一个小学校长的德育创新与
实践 / 柯中明著. — 北京：中国致公出版社，2019
ISBN 978-7-5145-1520-6

Ⅰ.①德… Ⅱ.①柯… Ⅲ.①德育—教学研究—小学
Ⅳ.①G621

中国版本图书馆CIP数据核字（2019）第236382号

德养之道 唯名与器：一个小学校长的德育创新与实践 / 柯中明著

出　　版　中国致公出版社
　　　　　（北京市朝阳区八里庄西里 100 号住邦 2000 大厦 1 号楼西区 21 层）
出　　品　北京言之凿文化发展有限公司
　　　　　（北京市昌平区超前路 35 号）
发　　行　中国致公出版社（010-66121708）
作品企划　三名书系
责任编辑　周寅庆　邓　苗
封面设计　姜　龙
内文设计　李　娜
印　　刷　北京虎彩文化传播有限公司
版　　次　2022年6月第1版
印　　次　2022年6月第1次印刷
开　　本　787mm×1092mm　1/16
印　　张　12.25
字　　数　221千字
书　　号　ISBN 978-7-5145-1520-6
定　　价　45.00元

序 言
PREFACE

中心，为儿童存在

立德树人是教育的根本任务。在二十多年的德育管理工作中，我始终把"立德"作为"树人"的基础和前提，从儿童的立场出发，站在儿童的视角，审视学校德育工作。在担任小学校长的这些年里，我和同事们进行了一系列的探索和改革实践，依此确立了"中心，为儿童存在"的育人理念。

一、为何要把儿童放在中心

作为我们工作的对象、交往的对象、生活的对象、研究的对象和承载教育思想及未来发展的对象的儿童，我对他们的认识具有非常重要的意义，这是教育发展的需要，社会发展的需要，也是校长自身专业发展的需要。儿童具有超越文化和时代的意义，儿童是纯洁的，西方文化中将孩子比喻为天使，中国义化中有对孩子"童真""大真无邪"的描述。儿童是祖国的花朵，儿童是祖国的未来，儿童也是家长的幸福。因此，尊重、发展儿童的独立自主性，承认其发展的可能性，使之成为独立的人、成为能动的主体，让他们去认识、改变自然和社会，同时也获得自我认识和自我教育能力，就成为我个人的儿童哲学观。这种哲学观点，在古今中外的伟人中也能找到佐证。卢梭认为："在万物的秩序中，人类有他的地位；在人生的秩序中，儿童有他的地位；应当把成人看作成人，把孩子看作孩子。"苏霍姆林斯基站在儿童的不同秉性和个性的基础上认为："我们教育的人，不管他是个多么'没有希望'和'不可救药'的钉子学生，他的心灵里也总有点滴的优点。"

在小学教育阶段，我和我同事（当然也包括家长）教育的对象是6～12岁的儿童。他们正处于人生发展的关键时期，这段时期的身心发展对他们今后的成长有重大的影响。因此，关注并促进他们的身心发展就成了我工作的核心。儿童的身心发展是有一定的客观规律的，在他们身心发展的不同阶段，其生理、心理特征也是不同的。（生理特征包括形体、骨骼系统、肌肉组织、神经系统、心血管等方面的特征；心理特征包括认知、情感、意志、个性等方面的特征。）把儿童放在中心是教育的原点，这要求我们在工作的时候必须要充分考虑儿童的身心发展水平，注意儿童发展的阶段特征，尊重他们的兴趣与需要；在考虑儿童身心发展特征的共性时，还要注意发展特征的差异性，从而把他们培养成"心灵的和谐达到完美境地"的人；把他们培养成一个自然天性获得了自由发展的人——他们身心协调和谐，既有运动员的身手，又有哲学家的头脑（卢梭的教育追求）；把他们培养成能承担中华民族伟大复兴的历史重任，能适应未来社会发展和自身发展的社会主义建设者和接班人。在我的心目中，他们应该是一群心地善良、助人为乐、感觉敏锐、理性豁达、爱美、富于情感、富于理智的孩子，是在未来具有社会公德心、爱国情怀、创新精神、实践能力的人，是能自治、自尊、自立、自强、自主的人。

二、如何把儿童放在中心

把儿童放在中心是一个基本的教育认识，它反映的是校长办学思想的基本价值取向。如何把孩子放在中心，则反映的是校长的办学能力和办学智慧。因此关注每个儿童和关注儿童的每个方面就成了这种能力和智慧的体现。首先，人人拥有受教育的权利，强调在教育中每个人都能得到发展，而不是少数人、一部分人。每一个儿童都能得到发展，这是每个儿童的基本权利。我们做校长的应该义不容辞地尊重这种权利、保护这种权利、创造条件实现这种权利。其次，素质教育强调要培养学生在德、智、体、美等方面的全面发展。实施素质教育，必须把德育、智育、体育、美育等有机地统一在教育活动的各个环节中。在具体的工作实践中，校长不仅要抓好智育，更要重视德育，还要加强体育、美育、劳动技术教育和社会实践，使各方面教育相互渗透、协调发展，促进学生的全面健康成长。要实现促进每个儿童和儿童的每个方面的全面发展，真正把儿童放在中心，就要做到在情感上关爱儿童、在互动中激发儿童、在课程上成就儿童、在方法上点化儿童、在评价上尊重儿童。

（一）在情感上关爱儿童

教育是一门爱的艺术。在情感上关爱儿童，最有示范作用的当然就是苏联教育家瓦·阿·苏霍姆林斯基了。他从十七岁开始从事教育工作，1948年担任帕夫雷什学校的校长，直到逝世一直担任这所农村学校的校长。他的著作中有一本书叫《把整个心灵献给孩子》，这本书记述了作者与一个班的三十一名学生朝夕相处的五年平凡岁月，内容是一年小学预备班和四年小学班的日常教育和教学工作，包括儿童的情感发展、身体发展、智力发展、劳动教育等。该书最大的魅力就是反映了他的一颗热爱教育工作、热爱儿童的火热的心。他很不喜欢20世纪30年代那个时候的教育学以及教育人对孩子的态度，特别反感那时的教科书总是说我们的"学生"，而不是说我们的"孩子"，因为"孩子"不仅仅代表学生，还代表一个完整的精神世界。因此他写下了这本书，表达他对教育、对孩子的理解。在学校里，苏霍姆林斯基不是简单地把知识教给孩子，而是带领孩子走向世界、认识世界，特别是走向大自然，在大自然中培养完整的心灵。他不但重视孩子的学习，还十分重视自身的教学工作，他说："教学，这只是教育这朵花上的一片花瓣而已。""真正的学校不仅仅是儿童获得知识和技能的场所，是儿童丰富多彩的精神生活的载体。它以多种多样的志趣和爱好把施教者与受教育者联系在一起，一个只是在讲课时隔着讲台跟学生会面的人是不会了解儿童的心灵的，他不可能成为教育者。"他更加重视对儿童心灵的呵护，对儿童的关怀，让儿童感受到学习的快乐和成长的快乐。

当下，我们学习和实践十九大精神的最好的行动就是落实"立德树人"的根本任务，把自己的整个心灵交给儿童，丰富儿童的精神世界，让他们建立一个具有"中国梦"底色的美好心灵空间。

（二）在互动中激励儿童

教育的中心是儿童，儿童成长的中心是学习。我引导全体教师把关注点移到儿童学习生活的主渠道——课堂上来，让师生在课堂教学的互动中学习知识、陶冶情操、提升能力、发展素养。

要想在师生互动中激发儿童成长的内驱力，首先，要关注儿童。在教育实践中，我们可以看到儿童，但是做到关注儿童却不那么容易，因为我们不但要看到儿童的群像，而且要看到个体，同时还要看到个体的全部。其次，要根据儿童的智力水平、能力水平，甚至是情绪状态，提出不同的问题，让他们在师生互动中找到学习的快乐和成长的自信。最后，要始终用正能量来激励儿童。苏霍姆林斯基说过一句话："教师无意的一句话，可能造就一个天才，也可能毁灭一个天才。"可见，在互动中教师的激励对培养学生自信心、激发学生学习兴趣是多么重要。

要在互动中激励儿童，我们做校长的一定要建立一个正确的理念，那就是尊重。我们把儿童置于教育的中心，就意味着我们要无条件地去尊重他们的个性、尊重他们的人格、尊重他们的天性，这是一种基于了解他们内心世界以及家庭背景与社会关系的尊重，是一种将教育思想落实在具体教育行为上的尊重。

（三）在课程上成就儿童

有了基于尊重的激励，有了基于互动的激励，下一步我们要做的就是构建丰富多彩、全面广阔的学校课程体系。课程是我们市桥中心小学（广州市番禺区）最主要的"产品"，是我们学校发展的命脉，也是我们学校培养学生全面发展的最重要的载体。因此，我们在梳理了学校三十多年的办学历程和办学经验的基础上，结合时代发展的步伐，针对我校学生的特质，开发了思维创新课程、传统文化浸润课程、实践探究课程、审美陶冶课程、社会角色体验课程等近50门特色课程。这些是建立在学校全人教育发展观基础之上的整体规划、顶层设计和系统构建，具有系统性、全面性、校本性的特点，能基本满足学生的个性需求。

在构建课程的具体操作过程中，我们始终以"中心，为儿童存在"作为建设的核心，坚持一切以学生发展为根本，以增加兴趣性、拓展性为主，充分利用学校的品牌优势和区域优势，充分利用多方资源。有了这些丰富多彩的校本特色课程，再加上我们对全面开足、开齐、开好国家课程的保障，把儿童放在中心就有了承接的舞台，在课程这个大舞台上，我们便能发展儿童、成就儿童。

（四）在方法上点化儿童

把儿童作为办学的中心，它既是一种教育主张，也是一种教育行为，这种教育行为强调的是"点化"。受传统教育观的影响，部分教师对于成绩优秀、听话守纪的儿童很关注、很放心，但是对于那些成绩差、习惯差、品行差的儿童就很头痛了。该如何面对这样的儿童？或者说，该如何面对所有儿童？我认为苏霍姆林斯基的话很精辟，"一个拙劣的教师把真理送到人前，一个优秀的教师教人寻找真理。"因此，我引导全体教师去点化儿童，让儿童在教师的点化之下，激发自身的求知欲、好奇心，从而形成学习的兴趣、向上的动力，过上幸福快乐的小学生活。激发儿童的自豪感、自尊心就是点化的出发点和落脚点。首先是言语点化。我们要以平等的视角，以尊重为原则，不要去做

"警察"或"法官"，让课堂气氛紧张、师生关系不和谐、学生缺乏学习的热情，而要通过恰当的、鼓励性的、充满爱心的、具有正能量的语言来及时地鼓励、肯定、认同学生，通过带有尊重、呵护的警示性语言来提醒学生，让学生在和教师交往的过程中增强学习的信心、激发学习的动力。耐心细致地发现学生身上的闪光点，适时运用语言激励，让学生充满自信地去展示自己。其次，还要借助一定的肢体动作来点化学生，如手势、眼神、笑容等。在几十年的教育实践中，我觉得充满爱心的微笑、体现鼓励的大拇指、传递温情的抚摸最能体现教师的教育情感，这些日常的肢体语言也折射着教师的教育哲学，反映出教师的儿童观。

（五）在评价上尊重儿童

常言道："教师的棍棒下有爱迪生，教师的皮鞭下有牛顿，教师的冷眼下有瓦特"，从这可以看出评价在儿童成长中的重要作用。何谓评价，按照美国课程论专家泰勒的观点来说，教育评价是一个过程，它以评价目标为依据，以价值判断为中心，以科学的评价技术为手段。我在中心小学引导和鼓励全体教师采用科学的评价方法，遵循规范化的评价程序，以促进人的全面发展为主要目的。所以，多元评价、多主体评价，让每个儿童在学校的评价中找到优势、展示长处，增强自信，成为一个真正的自己，是我的评价观。

在《把心灵献给孩子》一书中，苏霍姆林斯基写道："孩子们啊！五年来，我拉着你们的手一步步向前走，我把整个心都献给了你们。诚然，这颗心也有过疲倦的时候，而每当它精疲力竭时，我就尽快来到你们的身边。孩子们啊！你们的欢声笑语给我的心田注入新的力量，你们的笑使我的精神重新焕发，你们那渴求知识的目光激发我去思考……"这段话使我更加明确了校长的基本职责就是发展儿童，校长的情感支点就是关爱儿童。当我用完整的、善良的、上进的心灵面对儿童时，儿童就在我心中！

柯中明

2019年7月

中庸自明，文化自信

——坚守校长的办学价值，发展学校

如果你问我广州是个什么样的地方？我就会用以下的答案来回答：

苏轼在《定风波·常羡人间琢玉郎》里写道："万里归来年愈少，微笑，笑时犹带岭梅香。试问岭南应不好，却道，此心安处是吾乡。"

世界教育，中国模式。

中国模式，广州韵味。

在广州工作了十七年，生活了十七年，细细品来，这就是一种让我心安的韵味！

古人云："知人者智，自知者明。"或许是父母的期待，或许是父母的警醒，我没有叫"智明"而叫"中明"。2002年应聘到广州，我开始了校长的任职生涯。十七年来，我经历了三所学校，一直坚守着校长的办学价值，发展每一所学校。

一、村小七年——农村小学的弯道超越

2002年9月，通过公招，我成为广州一所村小的校长，这是一所生源不理想、师资不优秀、成绩不突出的偏远村办小学。初进入村小时，面对我这个外来的"捞仔"校长，村干部拒绝我，家长们怀疑我，教师们冷待我。办学遇到重重阻力。

面对这样的局面，我选择了走进学生、走进教师、走进家长，和他们一道凝心聚力，慢慢融入当地。教师们、村民、当地干部渐渐接纳了我，我渐渐地成为"紫坭村"的一员。我带领全体师生大力开展读书活动，认真实施课程改革，第二学期我们就取得了辉煌的成绩——全校所有学科统考总成绩进入全镇前三名，让学校实现了"弯道超越"。更重要的是，大家有了方向，有了斗志和动力。七年间，学校一直保持着领先的地位。我个人更是连续7年被评为

优秀校长，当地政府为此给我颁发了一块纯金打造的金牌！

二、城区六年——让市桥实验小学成为标杆学校

2009年8月，我被任命为区市桥实验小学校长。这对我来讲是一次挑战，该校是我们区的改革试点学校，创办7年换了4个校长。这是一所教师频繁变动、人心躁动、局面被动的窗口学校。我的任命文件一公布，马上有人惊呼：市桥实验小学来了个乡下仔！

这一称呼，让我明白这是一场严峻的"大考"，我必须严肃对待，争取考出好的成绩。

我独自一人来到学校报到，经过冷静的分析，我选择了走进学生、走进教师、走进家长，和他们一道凝心聚力，从课程改革入手，以培养有根的现代中国人为目标，让"根教育"成为学校的身份符号，成为师生的精神内核。在市桥实验小学的六年，学校每学期教师的流失率在15%以上，最多的一次达58%。面对如此剧烈的人事变动，我团结广大教师，稳扎稳打，紧抓常规，恪守教育基本规律。在市桥实验小学工作3年后，学校的整体办学实力已经稳居全区之首，成为广州市首批特色学校，成为当地老百姓、同行和领导眼中的一所名校！

三、如今——让中心走向中兴

2015年10月，上级领导调我到市桥中心小学。这对于我来讲，是一个更加巨大的挑战——中心小学，它是全区小学的龙头。最近几年，由于某种原因，学校在发展的过程中遇到了瓶颈，学校的整体实力被严重削弱，学校的美誉度在逐渐衰减。

带着大家的期许，我又一次独自一人来到中心小学报到。如何办好这所全区瞩目的历史名校，我依然选择了走进学生、走进教师、走进家长，和他们一道凝心聚力，努力实现师生快乐学习、健康成长、幸福生活的教育理想。经过努力，学校的元气恢复了，学校的神气凝聚了，学校的文化自信又重新在师生心间生根发芽了！就在当年的11月11日这一天，学校承办了全国电子书包展示活动，这一活动标志着中心走向中兴的开始！一年后，学校荣获了全区办学绩效一等奖的好成绩。

四、凝练思想，形成文化自信

任校长这十七年，我坚持行走在师生中，扎根在课堂里，浸润在书香间。在与学生和同事的相处相守中，我体会到了职业的幸福、校长的价值。我以教育学生成才为幸福，我以帮助教师成长为幸福，我以学校发展为幸福，我以家长赞誉为幸福。在任职校长的生涯里，我能日读万言，夜记千字；我能沉浸在校园里，我也乐意永远沉醉在师生拔节成长的气息中。在这一过程中，我逐步凝练出属于自己的教育理念——"根教育"。

"根教育"既是对教育终极意义的追寻，也是对当下教育异化的反思。"根教育"强调"守住"。"守住"意味着一种责任，一种担当，一种使命；也意味着一种真爱，一种关怀，一种境界。"根教育"敬畏生命，这意味着教育要保护儿童天性，遵循生命发展的内在逻辑，提升生命的价值和意义。"根教育"追求"绽放"，这意味着教育要顺应儿童生长的天性，让每一个生命在自然的阳光和雨露下自由快乐地生长。这就是我的价值追求，是我坚守的道，是我对自身价值的重塑，是我努力构建的教育文化。

这是一个需要理论而且一定能够产生理论的时代，这是一个需要思想而且一定能够产生思想的时代。聪明的人都在下笨功夫，愚蠢的人却在找捷径。也许，我走得并不太快，但我坚信方向是正确的。

柯中明

2019年7月

目 录

CONTENTS

上 篇　德育课题研究

——学生核心价值观在成果中彰显

让微博成为小学生成长的助推器

  ——"微博对小学生的影响及对策研究"的研究报告 ⋯⋯⋯⋯ 2

让学生的价值观升值

  ——广东省中小学"十二五"德育重点研究课题"关于市场经济

  条件下小学生价值观问题研究"课题结题报告 ⋯⋯⋯⋯ 26

守住教育之根，让生命快乐绽放

  ——"小学'根教育'特色课程开发与实施的研究"结题报告⋯⋯⋯ 76

中 篇　德育实践创新

——学校文化典范在体验中绽放

班级文化符号

  德养之道　唯名与器

   ——礼敬中华优秀传统文化，构建班级文化符号的

   德育创新实践 ⋯⋯⋯⋯⋯⋯⋯⋯⋯⋯⋯⋯⋯⋯⋯ 102

《今日关注》

　　"德育微课程《今日关注》的研发与实施"研究报告 ············· 113

人人都是升旗手

　　"人人都是升旗手"课程的再构建与实施

　　　　——培育和践行社会主义核心价值观的实践探索 ·········· 117

下 篇　德育感悟凝练
——"全人教育"理念在思索中前行

创建"全人教育"特色学校的措施与路径 ····················· 130

在学生的心田根植学校文化的DNA ······················· 156

破茧成蝶，玉汝于成

　　——柯中明办学实践以及思想提炼 ····················· 158

上 篇

德育课题研究

——学生核心价值观在成果中彰显

让微博成为小学生成长的助推器

——"微博对小学生的影响及对策研究"的研究报告

导语：两个案例 ....

【案例1】

"微博是我觉得最放松的地方，我不需要评论，也不需要听众，只要能一吐生活中的不快就好。"13岁的琪琪说。她在小学六年级时就注册了腾讯微博，遇到开心或不开心的事，就会去写一段话记录自己的心情。

琪琪微博内容的部分摘录：

5月31日。没多长时间就要放假了，就要毕业了，就要离开同学们了。舍不得呀，怎么办呢？

9月8日。今天帮我们杨老师（小学语文老师）过了生日，蛮开心！

10月19日。今天英语卷子发下来了，好兴奋！第一名哦！

11月4日。今天，英语老师说这是教我们的倒数第二堂课了。她要去美国教书。她丢下了我们，她抛弃了我们！

琪琪通过这样的方式释放内心的压力、平衡心态，让自己的心情舒畅一些。我认为，作为教师或家长，应该关注孩子们的微博，从另一个角度观察他们的内心情感及变化，并及时根据所关注到的给予孩子相应的帮助。

【案例2】

争论1：小学生有微博会不会耽误学习？

正方：心心还在上小学四年级，她的妈妈态度十分坚决，一再强调小学生玩微博太早，肯定会耽误学习。东东妈妈也说："我觉得不应该有，天天挂念微博，实在不是什么好事情。"

反方：网友"天道酬勤"既是小学生的父亲，又是一名高中老师，他对小学生使用微博的态度是："若是女儿想用微博的话，我不反对。我家比较平等，在不违反原则和要求的基础上，孩子可以有一定的自由。"

争论2：小学生有微博，是否会受到不良的影响？

正方：现在的小学生普遍早熟，但自控能力很低，所以最让东东妈妈担心的是孩子通过微博接触到成人的语言和图片，在一定程度上会影响孩子的心理健康发展。

心心妈妈则不仅对小学生合理分配时间的能力表示怀疑，而且也不愿轻易相信他们的判断力。她说："家长和孩子在一起的时间有限，不能时刻监控孩子，如果孩子真的被不良微博影响到，得不偿失。"

反方：社会本身就有好与坏，引导方向正确就可以了。家长要适度干预，不能教孩子"好人都很好看，坏人都很难看"，微博的作用是逐渐、有顺序地把真实的社会现状告诉孩子，这有什么不好？网友"天道酬勤"仍然坚持孩子应该拥有自由的立场。

琳琳爸爸也表示："我会选择多和孩子交流，在这个信息爆炸的时代，通过微博培养孩子独立思考的能力是为上策。"

一、本课题的研究目的、意义及现状分析

微博出现不久，就成了大众接受和喜欢的新事物，截至2011年12月，微博在中国的用户数量更是达到了2.498亿的惊人数字，具有相当程度的社会影响力。微博的兴起固然给青少年、给广大群众都带来了诸多有利影响，然而，也给相当一部分学生带来了诸多负面的影响，其中，对自制力等各方面能力都尚处在基础阶段的小学生尤甚。小学生还处在人生的起步阶段，他们年龄尚小，性格、知识、喜好等诸多方面也都尚有欠缺，并未成型，所以，相对于成年人和其他高校学生来说，小学生更易受到各种外界因素的影响，无论信息好坏，他们都容易不自觉地去模仿、学习。在这样的情况下，避免小学生受到各种负面影响，引导他们积极健康地成长就显得尤为重要了。

我们学校地处改革开放的前沿——广州，学生很小就能接触到各类前沿资讯，会使用各种先进的通信交流工具。我们课题组也对所在学校五、六年级的（11～13岁）276名学生进行了专项问卷调查。从调查情况看，小学生用户上网目的分为实用目的、娱乐目的、网络技术使用和信息寻求目的。超过50%使用率的网络项目是网络游戏（62%）和聊天（54.5%），另外电子邮件的使用率也接近50%（48.6%）。有约50%的学生注册并在使用四大门户网站的微

博，有25.2％的学生经常在微博上"广播"（发微博），有37.6％的学生使用QQ与认识或不认识的朋友联系。小学生对互联网的需求主要是"满足个人爱好""提高学习效率""研究有兴趣的问题"以及"结交新朋友"。从以上数据可以得出，小学生借助微博，在一定程度上可以更多地接触社会，了解时事资讯；同时微博也成为小学生发布个人信息、表达自我的一种特殊的沟通工具。因此，可以预见，使用微博将逐渐成为小学生实现人际交往的一种重要方式。

以下是对使用微博的一些相关问题的调查结果。

（1）你的微博粉丝有多少？见表1。

表1

20 个以下	20 ~ 50	51 ~ 100	101 ~ 200	201 ~ 500	500 以上
28.3%	31.4%	29.5%	10.2%	0.6%	无

（2）你的微博昵称是否是真实姓名？见表2。

表2

是	否
98.3%	1.7%

（3）写微博时，你是否会精心设计微博内容，通过转帖评论和关注来提高他人对自己的关注、扩大自己的交际圈呢？见表3。

表3

经常有	有，但不经常	很少	从来没有
53.4%	30.5%	12.6%	3.5%

（4）在你微博的关注对象中，熟人占多大比例？见表4。

表4

三 成	三成到一半	一半到七成	七成以上
15.9%	36.7%	30.6%	16.8%

（5）在你微博的粉丝中，熟人占多大比例？见表5。

表5

三 成	三成到一半	一半到七成	七成以上
19.1%	26.2%	35.6%	19.1%

（6）你认为微博的虚拟交友方式会减少现实中与他人的交往吗？见表6。

表6

会，而且很严重	会有影响，但不大	不会	不确定
9.6%	68.3%	5.4%	16.7%

（7）你认为通过微博的交际方式，能超越身份、特定对象、生活圈子等传统社交限制，认识陌生人，拓展交际圈吗？见表7。

表7

一定能	不能	不容易，但是存在可能性	不确定
70.2%	8.1%	7.3%	14.4%

调查反馈上来的数据通过比对统计，为课题组后面的分析研究提供了可靠的依据。

根据这些情况，课题组重点研究了以下几个方面的问题：①微博对小学生价值观形成的影响及其对策；②微博对小学生交际方式的影响及其对策；③微博对小学生言语方式的影响及其对策；④借助微博开展的小学互动性作文教学的实践研究。我们通过研究，找到了微博的优点，并克服其不足，使其成为我们教育小学生、引导小学生的一个有效的工具。

因此，本课题是根据实际进行的有深度的研究。

二、微博兴起、盛行的原因及面临的挑战

（一）简单易用

140字的文字限制针对所有人，不分贵贱、贫富，在这样的环境下，大量原创内容不断爆发出来，使学生在微博这样一个平台找到了释放的空间；由于微博的内容仍然可以说是经过"包装"和"化妆"展现在人们面前的，具有一定的虚拟性，因此生活中"沉默的大多数"也可以在这里尽情释放，尽情展现自己。

（二）经济允许

根据相关调查显示，大部分小学生拥有手机或使用过网络，除了接听电话，学生更喜欢使用手机聊QQ、发微博、看小说等，甚至有部分学生平均一天上网达到三四个小时。

我曾随机对一个班级的学生进行调查，调查结果显示，在全班46人中，拥

有手机的有37人，其中有21人通过手机使用过微博，占56%；有35人通过各种方式使用过微博，占74%。无论是通过手机使用微博，还是通过其他途径使用微博，由于均不需要较大的消费，学生的经济状况都能够承受，因此这就为微博在学生之中的广泛传播奠定了基础，也在一定程度上促进了互联网在学生中的使用。

（三）微博传播，面临挑战

当"请客门""热吻门"等诸多与小学生年龄完全不相符合的事件呈现在我们面前时，我们不禁要沉思：现今的小学生究竟怎么了？现今的教育又究竟怎么了？这不得不让作为教育工作者的我们深刻反思，是否是因为我们太少去关注学生的思想动态，是否是因为教育太不及时，如若我们可以在平时多注重、多关注学生的思想变化和动态，一旦发现不好的苗头及时引导解决，现在诸多的小学生"门"事件未尝不会有所减少。在小学生的这种恶性变化之中，微博的兴起无疑有一定的推动作用。微博中各种驳杂信息没有经过筛选地充斥在小学生的生活空间之中，对他们的思想进行渗透，继而产生了一系列的负面影响。微博作为一个网络交流的场所和工具，无论就舆情的管控来说，还是就信息的涤净程度来看，小学生参与其中都会受到较大的影响。而微博内容的开放性及其可选择性，更使我们无从判断这些影响将会是正面的还是负面的。微博对小学生的影响主要来自以下两个方面。

1. 舆情管控困难

微博在较短的一段时间内迅速兴起并得到极为广泛的使用，显然加大了网络舆情的管控难度。网络媒体具有开放性、自由性及隐匿性的特点，微博信息的发布者都是有一层"伪装"且隐匿在网络背后的人，普通人难以辨别发布者的真实身份，更无从辨别其是否是恶意散播者或是其他。这种隐匿性和不确定性，让微博上不计后果、不计责任的虚假发言概率大幅度提升，尤其是少数别有用心的人更是借此机会造谣，针对突发事件暗中煽风点火，混淆大家的视听，造成广大学生思想的偏差和扭曲。小学生作为一群尚没有辨别能力或者辨别能力还较弱的群体，在这样管控困难的舆论场所之中无疑最容易受到各种负面信息的影响，导致思想产生偏差。另外，微博汇集、传播舆情往往呈现一种"裂变式"与"病毒式"的变化，舆论发展趋势难以管控和预测。诸多因素，都使小学生的思想教育成为难题，小学生所受影响之大，有待广大教育工作者深思。

2. 信息五花八门

微博的信息传播具有一定的即时性，信息的主题、内容也大都五花八门、零碎简短，广大用户可以在极短的时间内从微博获得海量信息。微博的特性决定了这些信息较一般的网络信息更具有个性、倾向性和感情色彩，信息的导向性和渗透力更强，使接受者无法对信息进行有效"过滤"和"筛选"，使大量难辨良莠真伪的信息大行其道。小学生所处年龄阶段的心理特征决定了他们对这些信息易偏听偏信、难辨真伪。主流媒体也无法在短时间内对大量的信息进行甄别，无法还原事件的本来面貌。流言蜚语、奇谈怪论、妖言惑众之言论层出不穷，严重考验着学生的辨别力和判断力。这种境况下，部分微博用户特别是小学生用户的认知出现偏差、思想出现偏离也就在所难免。

三、本课题研究的重点内容及其成果

（一）"你的心声，世界的回声"——微博对小学生交际方式的影响及其对策

我们通过案例研究法、统计分析法和文献研究法，积极探讨了微博对小学生交际方式的影响及其对策。

十年前，国人见面，打个招呼，基本都是问候一声"吃了吗？"今天，织一条"围脖"漂洋过海，天涯变咫尺，正所谓"随时随地分享身边的新鲜事""你的心声，世界的回声"。

这种新鲜、时尚的交往方式和传统意义上"面对面"的交往方式有很大的差别。微博打造的交际圈超越了身份、阶层、圈子等传统社交限制，不受时间、空间的限制，最大化地为人际交往提供了便捷，无限量地扩大了人们的交际圈。

1. 微博对小学生交际方式的积极影响

随着社会生活节奏的加快，竞争更加激烈，这给人们的心灵带来极大的冲击，同时也波及校园，影响到学生。人际交往中的问题日益突出，学生存在不同程度的任性、偏激、冷漠、孤独、自私、嫉妒、自卑等问题。通过调查分析，我们还发现现实中小学生交往空间的狭小：独生子女的家庭，缺乏兄妹交往的机会；现代家居形式的改变，使小学生交往的空间和环境受到制约；更有甚者，随着升学压力的加剧，家长往往强化小学生的"学习"意识，淡化小学生的"社交"意识，人为地剥夺了小学生本应获得的"交往"机会。这些主客

观条件的限制，造成了小学生人际交往的上述问题。而微博上的人际交往是对现实生活交往的补充，在某种程度上会起到积极的作用，促进小学生的身心健康发展，其积极作用主要表现在：

（1）促进交际空间的拓展与角色重建。微博满足了学生平等交往的心理需求，网络交流的特殊方式从某种程度上使小学生规避了社交焦虑，这有利于学生健康心理的形成。据调查，大量学生经常使用微博进行"广播"与"收听"，与素不相识的人交友、聊天或者探讨问题。微博打破了年龄、性别、国籍的界线，对学生形成平等意识、主动交往意识和全球意识起到积极的作用。基于网络技术的飞速发展和信息传递的快捷，人机对话形成的平等的新型人际关系，有助于启发和引导小学生培养和形成平等、开放的现代观念。作为其中重要成员的微博，缩短了人与人之间的空间距离，有助于小学生扩大交往的范围。学生的从众心理比较强，当身边同学在使用微博时，大家互粉是一个非常好的人际交流方式，彼此可以产生共同话题，还可以接触到原来不熟悉但用微博后发现兴趣很一致的朋友。微博新型人际交往方式和社会关系的建立为小学生在现实社会中进行社会交往提供了缓冲的空间；微博还为小学生的社会化提供了角色的练兵场，有助于促进小学生的社会化教育。

（2）满足发泄情感的需要，促进心理健康。小学生的情绪波动比较大，情感体验也较强烈、深刻，但由于自我意识、独立性、自尊心逐渐增强，他们在现实生活中交流思想和情感的倾向越来越不明显，性格内向的人更是如此。微博的匿名性，为他们打开闭锁的心理、发泄情感提供了很好的条件。在微博的世界里，他们可以与任何人倾心交谈而不必担心面对面的尴尬；可以评论老师，抒发自己的意见；可以向博友袒露自己的情感；可以把埋在心中的秘密与博友分享等等。通过发泄自己的不良情绪，讲自己的心情故事，排解忧虑，他们的情绪会得到一定的放松，同时他们能得到粉丝的情感支持，这有利于促进他们的心理健康发展。在个案研究中，本人所在学校的六年级学生邓平（化名）如是说："刷微博可以体会到从未有过的自由和快乐，你可以变身大侠，也可以化作白云，你还可以尽情地倾诉学习中的烦恼，发表对老师、同学的看法。"

（3）有利于小学生非线性思维方式的形成。思维方式决定着人的交际方式和交际能力。线性思维方式强调事物的先后顺序，对事物的认识从头到尾都遵循单一的顺序。微博中大量使用的超文本阅读方式，则是以网状形式来构筑和处理信息的，是一种跳跃的、综合的非线性思维方式。从非线性的角度出发思考问题，必须考虑它与周围事物的种种联系，并透过这种网状的联系来寻求解决问题的方法。这种思维方式突破了传统线性思维所固有的狭隘、死板的弊端，有利于培养小学生的发散性思维，拓展他们的思路，有利于帮助他们正确地看待周围的人和事，树立科学的人生观和世界观。

2. 微博对小学生交际方式的消极影响

微博在对小学生的交际方式起积极作用的同时，如果使用不当，也会产生一些消极的影响，这是必须关注的。

（1）去个性化产生的影响

我们研究发现，微博的匿名性使人们处于去个性化状态，他们比在面对面的情况下显得更坦率，并且更可能产生误解、敌意、攻击性行为和不规范行为。"人人都有麦克风，人人都是新闻发布者"——微博上的自由交流使群体一致性很难形成，助长了语言恶意和非个人化，并且不能很好地解决问题。

（2）产生人格障碍

学生在微博"江湖"可以扮演不同的角色，但是如果自己的各个方面没有很好地统一起来，就会导致角色混乱。如果个体在网上和网下交替出现不同的性格特征，且网上行为和网下行为缺乏统一性，那么"真实的我""现实的我""网络的我"就会发生冲突，人格就会不和谐和不完整，导致自我迷失，甚至诱发偏执型人格、自恋型人格、边缘型人格、多重型人格等人格障碍。

（3）降低现实生活中的交往能力，产生孤独、抑郁心理

广东省社科院青少年成长教育研究中心、少先队广州市工作委员会办公室等联合在广州12个区进行专题调研。调研共发放5000多份问卷，覆盖广州市少年宫和50所小学。调查显示，超过82%的小学生每天都会上网，超过52%的小学生每天上网的时间多于30分钟。小学生选择上网内容的主动性也越来越强，其中约84.14%的小学生每天使用QQ，约80.08%的小学生每天上网看视频，约71.21%的小学生每天玩儿童网游，约34.87%的小学生每天使用微博。学生如果过分沉湎于微博世界，在现实生活中认识新朋友的机会就会大大减少，也会减少与现实已有朋友的联系。人类情感的真实表达需要借助语言、表情、手势等媒介，而微博、QQ等网络交往仅靠文字符号，缺乏现实的情感体验。当他们从热烈的网络交往气氛中回到平静的现实生活中时，更不愿意袒露自己的情感，也不愿意接受别人的情感流露，很容易导致更严重的孤独感和抑郁心

理。由于刻意逃避现实交往，他们在现实生活中的人际交往能力极差，这样下去会形成恶性循环。

3. 利用微博来引导学生的行为对策

像所有新兴事物一样，微博也具备红与黑正反两面。如果他是一个爱玩、爱闹的孩子，那显然他也爱搞恶作剧，我们一定要用心教育好这个孩子，帮助他茁壮成长。

（1）学校——为孩子开博

微博是一个交流的工具，利用得好就能起到积极的教育作用。学校作为孩子最主要的受教育场所，应该充分发挥这种新媒介的正能量，通过创建校园微博、班级微博、少先队微博等阵地，为孩子建立可以平等对话、无障碍交流的平台，并利用该平台发布更适合孩子、更贴近孩子的内容，培养孩子的媒介素养，提高其辨别、评估虚假信息的综合能力，引导孩子在健康的网络环境中保持良性互动。同时也要注重组织丰富多彩的校园文化活动，扩大现实生活交往面，帮助孩子寻找新的兴趣。比如，学校可以开展各种丰富多彩的社团活动，为孩子提供表现自我的机会，使他们多体验成功，对现实生活的交往产生信心，使他们感到现实生活的快乐，从而使他们在各种校园活动中增加与朋友的互动频率。

（2）家长——与孩子互粉

在全民微博的时代，家长为了更好地掌握儿女的动态，会通过微博监视孩子的一举一动，以至于一些孩子在微博中大呼"防火防盗防老妈！"国家职业心理咨询师张宝林表示，孩子的表现正好反映了孩子与家长在现实关系中的沟通模式。家长应该尊重孩子的独立，给孩子适当的空间。孩子不是家长的私有物品，家长不能霸占孩子的整个空间和精神世界。只有给孩子留一条通道，家长才能走进孩子的世界。作为家长，应该学会换位思考和耐心等待。微博为家长打开了了解孩子的窗口，家长可从另一个角度去了解孩子的心理需求。但潜伏毕竟不能成为常态，不如尝试走近孩子内心，宽容地对待孩子的成长，多一些日常沟通，充分相信孩子能自己处理好事情，处于这样关系中的孩子，一定不会介意家长与他们在微博中互粉。

（3）教师——加孩子关注

小学生与教师的关系是其人际关系中的一种重要关系。除了日常学习生活中面对面的对话沟通，教师也可以通过在微博上互动，拉近和学生之间的距离，改善师生关系。在微博上交流，孩子更放松、更大胆、更自信，教师更年轻、更活泼、更自由。双方冲破了身份和地位的束缚，畅所欲言，学生感到教师是可靠的伙伴，教师也看到孩子学习之外更丰富的一面。生活中的教师和学生，微博中就是两个互为关注的粉丝。当然，需要说明的是，微博上的交流不能代替现实生活中的交往，直接的交流方式比网上交往更亲切，更具人情味。我们需要培养小学生在现实生活中的交往能力。可以指导小学生分析网上交往与网下交往的异同，把在两种情况下对交往的困惑一一列举出来，针对不同的问题寻找相应的方法解决；可以开展人际交往讲座，使学生掌握人际交往的技能，改善人际关系；也可以通过创设现场情境进行交往的模拟，使学生通过讨论其中的不当之处和精彩之处，掌握交往技能。

作为"网上的一代"，微博、微信等网络交际平台在我们的生活中逐渐占据了重要位置，网络的飞速发展给我们在教育观念及教育方式方法上提出更大的挑战。不可能让小学生远离网络，"大禹治水，在疏不在堵"。引导小学生合理地使用微博，从自身做起构建一个诚信、平等的网络平台，这才是治本的方法。

（二）不要让"鸟语"成为流行语——微博的网络语言对小学生言语的影响及对策

在依托微博进行信息互动的过程中，小学生的言语方式自然会受到影响。

1. 微博的网络语言进入小学生言语体系

思维活跃，喜欢猎奇求异，接受能力强，容易对新鲜事物产生好奇心，这些都是小学生的特征。而网络语言具有新奇、有趣、不受规范约束的特点，正好能满足他们的心理需求。因此，网络语言借助微博等渠道迅速进入小学生的言语体系，且在这个群体中很受欢迎。

但网络语言喜用谐音、曲解词义、英文缩略语等表现形式，影响着小学生的言语方式。比如，用数字"9494"表示谐音"就是就是"，用"神童"表示"神经病儿童"，用"BD"表示"笨蛋"，用"菜鸟"表示"初学者"……诸如此类的网络语言，在小学生的现实生活中非常流行，在他们的交流甚至写作中，处处显示出网络语言对他们的影响。通过访问了解，大部分小学生认为：网络语言比规范语言更有趣幽默，可以改变平时的一本正经的交流方式，使人际交往变得轻松；网络语言比规范语言更具人情味，如"GG"（哥哥）"JJ"（姐姐）等称谓，使人感受到类似家庭般的亲情；网络语言提高了输入、书写速度，各种英文字母、汉字、数字混在一起使用，使输入、书写更快捷、更便利……这些他们认为的网络语言的好处，使得他们的言语形式发生改变。根据调查访问，约78%的小学生认为会说网络语言是一种时髦，不会则被视为落伍。不规范的网络语言正是在此时乘虚而入，影响着小学生对规范语言的学习和使用。

2. 微博让个性表达进入小学生言语体系

每个微博的小作者都将微博看成自己的个人空间，在这个空间里，他们充分展示着自己的个性，他们将自己的所思、所感、所做之事发表在空间里，期待得到收听者的关注和赞赏；他们在这片属于自己的天空中自由翱翔，恣意驰骋，逐渐形成了风格独特的言语体系。比如一名五年级同学的微博中有这样一些话语，虽只是只言片语，但依旧可见其言语风格——"春天她坐着神舟六号来了，昨天穿棉袄，今天脱得只留下长袖衫了。"还有的学生将自己的微博以连环画的形式呈现，图文并茂地呈现所表达的内容，使得表达更加形象可感，我们诙谐地称之为"绘本体"。还有"白开水体"——"今天起床后就去上学，上学后回家做作业，然后吃饭……唉，复印机复印出的日子，张张相同。""语录体"——"柯校长说，爱看书的孩子最聪明。今天我又继续着我的《昆虫记》的阅读，我要让自己变得像达尔文一样聪明。"这些"体"的出现，都源于小学生为了让自己的微博吸引更多的人关注，而想尽办法使自己的言语形式新颖、生动，充满个性。

除此之外，微博要求字数控制在140字以内，有了这种字数的要求，微博的内容自然就变得简洁、概括，对于事情的描述、评论多以碎片式或概括式的言语方式出现，缺乏细节的描述或是对内容的完整性表达，这势必会影响小学生言语表达的条理性、连续性和具体性。

3. 利用微博大力加强语言文字规范化建设

基于以上根据调查所得出的结论，根据言语的发展要遵循"积非成是""约定俗成"的规律，我们应该积极采取相应的策略，减少微博对小学生言语形式造成的负面影响。

（1）大力推行，规范汉语言文字的使用

作为教师应该大力推行汉语言文字的规范化使用，使学生自觉地坚持使用规范化语言，让规范化的语言得以传承和发扬。在教育教学活动中，我们要求讲规范的普通话，写规范的汉字，为语言学习打下一个牢固的基础，树立正确规范的语言文字观。

（2）学好语文，提高对言语的鉴别能力

小学生处于学习的重要阶段，在这个阶段要让学生养成良好的阅读习惯、作文习惯、口语表达习惯，这些都是语文的重要内容，也是语文教育的重要任务。只有把语文基础打牢固，才能抵抗各种外因的侵扰，才能判断什么是优质语言，什么是"劣质"语言。围堵肯定不是正确的办法，言语是在使用的过程中规范的，需要学校、教师、各媒体进行正确引导，要给学生提供辨别的标准，让学生提升对言语的鉴别能力。

（3）选择吸收，借鉴较规范的网络语言

主流语言会随着社会的不断发展与进步，随着人们实践领域的不断扩展，而不断变化。对于网络语言，我们要以"取其精华，弃其糟粕"的精神，以辩证的眼光来看待这种现象，可以允许学生使用一些相对规范的网络语言。这样的新事物具有一定的可取性，但也存在很多缺陷，可以采取不鼓励、不提倡的方式让根基不稳的小学生不要过多地接触和使用。

总之，微博的存在对于小学生言语能力的发展来说，既有侵害，也有裨益。我们教师、家长在教育教学中可以充分利用这一工具，结合小学生的心理特点和个性特征，因势利导，充分发挥学生的想象能力与创新能力，恰当地利用微博，提高学生的语言表达能力，丰富学生的言语表达方式。

（三）互动——让微博助力学生写作

作文一直是小学教育的一个难点，我们开展的借助微博提高互动性作文教学的有效性、提高学生写作的积极性的活动，收到了良好的效果。

互动性作文教学，是指以教师和学生为主体，在作文教学中充分发挥教师及其他参与者与学生的互动作用，以促进学生写作的主动性、积极性和创造性的提高，使多方通过理性交流、沟通、协商，达到不同写作观点碰撞、交融，激发学生写作的主动性，拓展其创造性思维，提高其作文写作水平的目的的一种教学方式。与传统作文教学相比，这种教学方式的突出特点就是"互动""教师与学生的互动""学生与学生的互动"，还可以是"学生与家长或其他人的互动"，真正实现多向交流，相互促进。

1. 互动作文的理论依据

互动作文教学模式的理论基础是建构主义学习理论。建构主义者认为，学习者的知识是在一定的情境下，借助他人的帮助（如人与人之间的协作、交流，必要的信息等等），通过意义的构建而获得的。理想的学习环境应当包括情境、协作、交流和意义构建四个部分。微博可以作为建构主义学习环境下的理想的认知工具，有效地促进学生的认知发展。

2. 利用微博开展互动作文教学的优势

微博使资源实现共享，同时，由于人在这一资源库的构建过程中，不断向它渗透个人的智慧和创造成果，所以它是一个流动、有机、不断更新与发展的特殊学习载体。再者，微博是个开放的平台，它将作文评改形式变得多样，将评改主体变成多个，这将提升作文的评改效率。借助微博开展小学生互动作文教学可给学生创造一个崭新的学习环境，一个体现学生自我成长、自我完善、自我发现的学习机制，一个提升学生创新意识与创造能力的学习平台。

3. 具体应对策略

众所周知，写作是一个分析、综合、判断、推理、联想、想象的过程，写作也是一种技术。叶圣陶先生认为："凡是技术，没有不需要反复练的。"作文的早期训练有利于小学生提早练笔。只有经过多次反复的练习，才能达到熟练程度，才能具备一定的写作能力。我校互动性作文借助微博，根据学生的年龄段特点，设计多种形式，创设操练平台，促进学生写作能力提高，激励学生表达：

（1）低段：日记起步，亲子共写

低年级的学生在学完了汉语拼音后，只会少量的汉字，因此建议有条件的学生在父母的帮助下写微博日记。学生可以自由选择感兴趣的材料来写，凡所见、所闻、所做、所想都可以写，并让家长帮助其发在微博上。如此一来，学生不但增加了识字量，而且逐渐在家长的帮助下学会规范地表达，可谓一举两得。许多家长也愿意借助微博记录孩子的童言稚语，帮助孩子拍下一些值得纪念的照片，让孩子说上几句，这也为孩子的成长留下了印记。微博这个十分宽松的表达平台，很快就会成为孩子学习的乐园、展示的舞台，成为孩子的成长册、获取信息的"百科书"，成为亲子互动的快乐"必修课"。

（2）中段：看图写话，创作童诗

中年级的孩子对生动的图画有着天然的、浓厚的兴趣，我校教师针对这一特点，用微博拍下一些时事图片，让学生学会观察图画，进行写话训练。如春天多暴雨，教师们拍下暴雨来临之时的照片放在微博上，周末让孩子练习看图写话。还有学校举行的一些活动，如运动会、艺术节等，教师们也会拍下活动照片（或活动视频）放在微博上，图片可将活动、现场重现，学生习作有了图片的凭借，降低了习作的难度，学生也因此学会了观察，增强了习作的兴趣。

此外教师还尝试着借助微博让学生创作童诗。童诗短小有趣，常常是孩子们的灵感闪现，教师借助微博鼓励他们留心生活，从生活中发现、感悟，从认识的人、经过的事、见过的物中找出最感人的那一刻，把最动人的那一点写下来。三两句的短诗也可以很可爱，更能提升学生对语言的驾驭能力。例如学校组织学生去春游，不巧天下起大雨，刮起大风，学生只好躲在走廊里、房檐下避雨。有些学生当时来了灵感，用手机在微博上写下小诗："老师带我们去春游，大雨也跟着去了，它玩得很高兴，我们却只能跟它捉迷藏。""风婆婆，她来了，小朋友的头发乱了，树的头发也乱了，地上的树叶更是乱成一团。"……多可爱呀！孩子的作品在微博上一发表，立刻引来许多家长、同学"围观"，他们还给了好评，使写作的孩子特别有成就感。

（3）高段：片段练笔，微型作文

沈从文先生教学生作文时有个生动的比喻：先学车零件，然后才能学组装。除了每个单元的写作外，为提高学生的写作水平，我校高年级一些班级尝试让学生使用微博撰写"微型作文"。这种"微型作文"将单元习作的要求分解，化整为零让学生进行练笔。如单元习作要求写一个印象深刻的人，那么教师就会分解习作要求，建议学生写人的"一串动作""一个表情""一段对话""一次心理活动"，每个"一"只需100字左右。这种生活化的简易描写缓解了学生写作的畏难情绪，能更具针对性地提升学生的写作能力。这种微型作文在微博上发表，即发即可有"收听者"的点评或转播，使学生写作兴趣更浓，积极性更大，从而促进学生的写作能力的提升。

4. 利用微博开展互动作文教学的收获

借助微博开展小学生互动作文教学实践研究，在活动过程中我们有许多感受和收获，概述如下。

（1）借助微博，让学生习作的读者更多

以前，学生的读者大多是老师，再多也只是本班级的同学。没有读者，作文的意义也就显得微乎其微。心理学说，需要才能产生一种内驱力。如有读者，学生就会以满腔的热情去写好文章。借助微博开展互动性作文教学，一改过去只有教师或班级学生小群体的特殊的读者现状，学生、朋友、家长等都可能成为孩子习作的读者，如果孩子心中有了"读者"，就会产生较强的写作欲望和激情，写作积极性自然会提高。

（2）借助微博，让学生习作的选材更丰富

"无米下炊"是小学生写作的最大障碍，借助微博开展互动性作文教学，能使此困境得到改善。巨大的微博资源可以快捷地为学生提供生动、丰富、鲜活的作文素材，如何利用这个丰富多彩的空间教会学生利用微博进行信息的获取、分析与加工，也是值得探究的一项课题。

（3）借助微博，让学生习作的表达更多样

学生的写作一般是以文字方式表达的，而新的课程标准也要求学生学会阅读非连续文本，那学生当然也可以尝试进行非连续文本的写作。而微博写作中，符号、视频、音频或三维动画的使用越来越频繁，这种丰富多样的表达形式对学生的吸引力很大，更容易唤起学生的写作兴趣，从而调动学生写作的主动性和积极性，使作文写作成为一种生活必需品、成为一种爱好。

（4）借助微博，让学生习作的评改更多元

微博的文字风格各异，在一般课堂作文教学中，教师是文字的裁决者、评判者，而在借助微博开展互动性作文教学中，每一个学生都享有网络平台带来的平等地位与空前的自由，他们可以自主评价他人作品，也可以接受他人的评价，这使得作文评改更多元。

（四）微博对小学生价值观形成的影响及其对策

我们在研究过程中发现，微博对小学生价值观形成起影响作用的原因主要有两个方面。

1. 微博群体逐步成为小学生价值观形成的重要外驱力

首先，小学生保留了儿童心理的特点，他们自我判断评价的能力不足，价值观的形成主要受外部的影响。他们渴望得到长辈、家长和教师的认同与赞赏，也容易受到群体心理的影响，渴望得到同伴的肯定。

在我们选取的没有微博也极少浏览别人微博的140名学生中，认为爱国有礼、诚实善良是小学生最重要的品质的有119人，占总数的85%。其中有73人选择"我是从老师身上学到的"，有34人选择"我是从家长身上学到的"，还有12人选择"我是从同伴身上学到的"。

而在选取的87个拥有微博的孩子中，认为爱国有礼、诚实善良是小学生最重要的品质的有49人，只占总数的约56.32%。其中有33人选择"我是从老师身上学到的"，有9人选择"我是从家长身上学到的"，还有2人选择"我是从同伴身上学到的"，其余的5人选择"在与博友的讨论中收获的"。其余38名孩子中，选择"平等自由、自我实现"的占了33人，只有4人选择"我是从家长身上学到的"，有29人选择"在与博友的讨论中收获到的"。

在其余相关的选项上所得出的结果基本类似。通过对比，我们可以看到，由于学校、家庭教育的关系，小学生的价值观与主流价值观处于同一方向。学校教师、家长平时会有意识地培养他们要热爱祖国、要善良、要有礼貌、要诚实等，这些教育直接作用于他们的意识形态上，使他们形成相同的价值观念。而当小学生进入微博世界后，他们接触的群体发生了极大的变化，接触的人多数与孩子原来接触的群体不同，而且在微博的世界中学生可以真正地谈自己想说的话；而由于微博是通过"相同的喜好"等关键词搜索反馈信息的，容易使小学生因此产生对"同伴"的信任感和对"成功者"的敬佩感，这种价值观念对小学生价值观的影响也就明显多了。

2. 微博提供的展示平台成为孩子价值观形成的内驱力

每一个人都有对自我实现、自我满足的渴望，小学生习惯的养成更多的是他们的行动得到关注的结果。这些关注会使他们的内心产生继续的动力，尤其是当他们意识到自己应该在某方面优秀于其他人时，意识到会有更多人关注自己的一举一动时，他们会产生较大的内驱力，这种内驱力往往是他们获得成功的原动力，也往往对其价值观的稳定起重要作用。

成功在于行动，要想自己的观点得到别人的认同，就必须要表现出来。在微博世界中，他们有了更大的自由空间，喜欢什么时候说，喜欢说什么，几乎可以随心所欲；更关键的是，在微博这样一个面向广泛群体的开放性平台上，永远不缺乏赞美和肯定你的人——无论你的观点是什么。学生的某些观念有时会因为一个晚上多人"踩"过其微博留下的奉承话而定型，他们有时也会因为转载一些惊人的言论而受到追捧，以致认为这种言论是正确的。如六年级某班的小远最近总是跟同学说"一切关怀都来自利益的驱使"。与他谈话后，我们发现原来这句话是他在某天观看了一则对"红十字会"的负面新闻后从中摘录下来的，结果不到一周时间，微博上就有超过一百人赞他，每一次赞赏和转发都让他觉得自己有超越其他人的深刻思想，而不赞同他观点的同学提出异议时他甚至认为别人是在嫉妒他。他自己也坦承，一开始并不赞同这句话，只是觉得它好玩，但从那以后，有时他会认为同学帮助他是因为想让他请吃雪糕，有时老师的关怀他也认为完全是因为自己的成绩退步会影响老师的收入，他自己也认为微博对他的影响是很关键的。无独有偶，最近我们发现"小小义工"小思参与组织志愿者活动的主动性、积极性更高了，谈话中她表示帮助他人、服务社群比学习更有意义。经了解，促使她转变思想的原因正是身边的博友对她的鼓励。

3. 如何应对

（1）确定"博导"，用师长的关怀促进正确价值观的形成

要想让小学生在微博人生中能形成正确的价值观，就一定要先找一个"博导"。这里的"博导"不是博士生导师，而是"微博使用指导者"。这些"博导"可以是教师，可以是家长，但选择的前提是一定要让学生喜欢和信任。

任何事物都有利弊，不能因噎废食，我们应该看到微博在人们生活当中，特别是学生群体当中起到的正面效力，看到微博对人们生活改变的帮助，它让人们变得关注生活、关注周围事物，学会关心他人、帮助他人。对于还在成长期的学生来说，这些都是正能量，值得推广。

但微博上的讯息万千，学生缺乏分辨力，也有可能因为上微博被别有用心的人利用而受到伤害，这就需要监护人的帮助和引导。在初期要有一个指导者，先让孩子认识微博，了解微博的使用方法，然后与孩子一起互动，分享对某些信息的看法，以培养孩子的判断力和价值观。指导人可以帮助孩子筛选微博用户，选择适合关注的人。指导人要及时了解孩子在微博上的动态，关注孩子的心理走向，发现问题及时纠正，让微博成为引导小学生正确价值观形成的又一助力。

（2）打造"博圈"，以良好的环境促进正确价值观的形成

在微博上你关注什么就会看到什么信息，关注对象很重要。现在的微博成人化的内容过多，很多言论仁者见仁、智者见智，正如韩寒在博文中写道："我越来越觉得很多东西的结果，其实并不是不同人的改变，而只是同类人的聚集。在我的微博马甲里，你觉得这个政府糟透了，时日不多。在别人的微博马甲里，你觉得生活挺安逸的，一切都好。所以，你所关注的一切，就是你所看到的世界。"

但我们要知道小学生是不一样的，他们容易被"忽悠"。因此，如果在一个良好的圈子中，他们关注到的都是积极的、向上的内容，那孩子的心灵就会变得积极向上。如果我们让小学生能有一个适合他们的微博社交圈，他们就会获得良好的环境，他们价值观的形成就会得到正面的帮助。目前，我们需

要的是为小学生打造一个合适的、儿童化的、美好的微博圈子，让他们能在这个圈子中自由徜徉。我们可以通过创建学校微博、教师微博、少先队微博等方法，通过建立各种激励机制，引导学生加入这个圈子，从而引导学生树立正确的世界观、人生观、价值观。

（3）制定"博范"，以媒介素养教育引领正确价值观的形成

微博为小学生群体提供了更广阔的视野，使对他们价值观形成的影响因素变得更多元。只有引导他们合理地认识和使用微博，并为他们制定上"博"的规范，才能尽可能地避免他们受到伤害。

对于小学生而言，微博只相当于一个工具。假设我们把它比作一个交通工具——自行车，那我们是不是要考虑，孩子安全驾车出行要注意哪些事项，遇到什么情况要向家长询问，发布哪类信息要得到批准，在字里行间要体现哪些礼仪……这些他们都很陌生，这就要求我们要有能帮助他们的固定的指引。就目前来看，广州市少先队读物《都市人》开办的《阿波媒介素养》栏目就通过很生动的形式在传递这样一些该遵循的规范。我们还专门邀请广州市少先队的总辅导员张海波到校为一部分学生和家长开了专题讲座。经了解，他们普遍都认为媒介素养教育对于他们的上网、上"博"有很好的指引和帮助作用。

四、结语——积极应对，采取有效举措

（一）以守代攻，积极运用

在日常学习生活中，我们对学生的了解往往是通过与他们的谈话，或是从同学口中、从家长口中、从他们的日记中得到的。然而就以往的经验来看，这样的效果并不甚佳，我们并不能够保证对学生思想动态的变化及时了解，自然更无法谈及对学生思想问题的及时解决了。而在现今全新的社会环境中，我们与其单一地严防与管控微博对小学生的负面渗透，倒不如以守代攻，积极运用微博的正面作用对小学生进行思想了解，这样的方式也许更能让小学生接受。微博是一种"背对着脸"的交流方式。例如，在对一个男孩子微博的研究中，我了解到他正在和一个女孩子"谈恋爱"。他在他的微博中这样写道："××，我喜欢你！"根据他在微博中的诸多信息，我们自然不难发现这位成绩原本很好的孩子为何最近成绩有所下降、出现低谷，这些内容孩子们是不会在平时的交流中告诉教师的。所以，通过对微博的利用，

我们反而能够更好地了解学生的心理动态，以守代攻，变微博的负面作用为正面积极的作用。

另外，心灵沟通无疑是在师生交流中最为融洽的一种交流方式，它可以让教师从心灵上接近学生的世界。在教师通过学生、家长等各种途径了解学生的同时，其实学生也希望对自己的老师有一个了解。通过微博展现文字则恰好提供了这样一个条件。师生关系在微博的互动中可以得到改善，心与心之间有了更良好的沟通，相信微博同样也能够帮我们教师在教育教学中捕获孩子们的心。除此之外，在母亲节、父亲节等各种节日上还可以在微博上呼吁大家进行各种关爱父母的活动，强化学生的德育教育，这些都是积极利用微博的正面力量，以守代攻的诸多体现。

（二）精彩活动，两相争锋

在运用微博正面力量"以守代攻"的同时，我们还应当积极开展各类饱含意义的精彩活动，吸引学生的目光和关注，展开一场和微博之间的"生源争夺战"，将陷入微博泥潭中不能自拔的部分学生吸引过来。作为一个年龄尚幼的群体，小学生往往更倾向于关注自己感兴趣的事物，学校教师可以多开展各种文体活动、课余活动，用精彩且饱含意义的活动吸引学生的眼球。学生对文体活动的关注多了，对微博的关注自然而然会呈现逐渐减少的趋势。同时这样的活动也可以丰富学生的兴趣爱好、精神生活，增强他们对真善美的爱，对低俗的自觉抵制，从而实现他们对微博负面影响的抑制。

（三）家校沟通，双管齐下

小学生是一群辨别能力较弱的孩子，他们需要教师和家长给予更多的关怀与帮助。除了上述的应对措施，教师还应加强和学生之间的联系。对孩子进行教育，家庭和学校同等重要，我们应当与学生家长联合起来，时刻关注学生动态，正确引导学生的学习习惯，控制他们的上网时间；教师与家长一起督促孩子建立计划表，包括上网的时间、内容以及学到的知识，以此引导学生正确上网，强化他们的自律意识，让网络、让微博成为他们课外的良师益友和增长见闻的场所。

（四）鼓励实践，亲身体验

要适当让学生受些挫折，让他们明白生活的艰辛。网络所构造的生活并不是现实，沉迷网络等于逃避生活，哗众取宠并不是生存于社会的正确方式，只有踏实学习、勤奋工作才能领悟生活的真谛。

微博是一种工具，它对小学生的影响如同一把双刃剑！作为教育工作者，我们要用其长处来教育小学生养成良好的行为习惯，掌握知识，陶冶情操。

参考文献

［1］阚道远.微博兴起视野下的思想政治工作［J］.思想政治工作研究，2010（4）：14-16.

［2］魏亮，周旭，李永珊.基于微博客环境下的学习模式初探［J］.硅谷，2012（6）：175-176.

［3］冯支越，唐诗，钱一彬.基于微博平台的青年学生媒介素养培育机制初探［J］.思想理论教育导刊，2011（11）：118-121.

［4］卢金珠.微博问政［M］.北京：东方出版社，2012.

（本文为2012—2013年度共青团中央青少年和青少年工作研究一般课题"微博客对小学生影响及对策研究"的研究报告，课题编号：2013YB222）

附：

市桥实验小学关于使用微博的调查问卷

市桥实验小学的同学，你好！

我们正在做一个关于微博使用情况的调查研究，请你如实填写以下问卷的内容，你填写的信息只用于课题研究。对于你的个人信息，我们将予以保密。感谢你的配合与支持！

一、单项选择，请你在相应的答案前打"√"。

1. 你的性别：

（　）A. 男　　　　　（　）B. 女

2. 你的年龄：

（　）A. 10～11岁　　（　）B. 11～12岁　　（　）C.12～13岁

3. 你注册使用微博（新浪、腾讯等）有多久了？

（　）A. 3个月以内　（　）B. 3～6个月　（　）C. 半年以上

（　）D. 一年以上

4. 你认为玩微博会导致学习时间减少吗?

（　　）A. 会　　　　　（　　）B. 不会　　　　　（　　）C. 没留意过

5. 你认为玩微博会对学习造成消极影响吗?

（　　）A. 会　　　　　（　　）B. 不会

（　　）C. 看个人的自我控制能力

6. 玩微博让你更依赖手机或电脑了吗?

（　　）A. 是　　　　　（　　）B. 否

7. 你认为微博对你的生活影响大吗?

（　　）A. 大　　　　　（　　）B. 一般　　　　　（　　）C. 几乎没有影响

8. 你对微博的态度?

（　　）A. 很喜欢　　　　　（　　）B. 喜欢

（　　）C. 一般　　　　　（　　）D. 很讨厌

9. 你认为,你会一直坚持用微博吗?

（　　）A. 因为喜欢,所以会一直玩下去　　　　　（　　）B. 看潮流吧

（　　）C. 我已经开始感到厌倦了　　　　　（　　）D. 不好说

10. 你认为自己的学习成绩是?

（　　）A. 学习成绩优异

（　　）B. 偏科,有些科目成绩好

（　　）C. 我的学习成绩一般

（　　）D. 我的成绩还不理想

二、多项选择,请您在相应的答案前打"√"。

1. 你是从何知道微博这个社交工具的?

（　　）A. 报纸杂志介绍　　　　　（　　）B. 朋友介绍

（　　）C. 校园宣传　　　　　（　　）D. 户外宣传活动

（　　）E. 网站宣传　　　　　（　　）F. 其他

2. 你使用微博的动机是?

（　　）A. 新事物,我想尝试一下

（　　）B. 朋友主动发了邀请给我

（　　）C. 朋友都在微博上,我就加入了

（　　）D. 我喜欢的名人开了微博

（　　）E. 周围的人都在用,觉得很时尚

3. 我登录微博的频率是：

（　　）A. 每天　　　　　　　　　　　（　　）B. 一周3～4次

（　　）C. 一周1～2次　　　　　　　　（　　）D. 想起来才登

4. 你主要通过微博：

（　　）A. 获取资讯和学习　　　　　　（　　）B. 与朋友交流

（　　）C. 记录心情琐事　　　　　　　（　　）D. 关注名人动态

（　　）E. 打发无聊时间　　　　　　　（　　）F. 其他

5. 你关注的人大多数为：

（　　）A. 明星偶像　　（　　）B. 亲戚朋友　　（　　）C. 同学

（　　）D. 老师　　　　（　　）E. 陌生人　　　（　　）F. 其他

6. 你通常喜欢浏览微博上的哪些信息？

（　　）A. 明星八卦　　（　　）B. 动漫　　　　（　　）C. 游戏资讯

（　　）D. 社会新闻　　（　　）E. 同学、朋友的生活琐事　　（　　）F. 其他

7. 你最喜欢发布哪类消息？

（　　）A. 生活琐事　　　　　　　　　（　　）B. 个人心情

（　　）C. 发布好玩的影音资讯　　　　（　　）D. 分享新闻资讯

（　　）E. 转发评论　　　　　　　　　（　　）F. 其他

8. 你玩微博的主要原因？

（　　）A. 可以随时表达自己观点，分享自己的生活。

（　　）B. 纯粹因为无聊，打发闲暇时间

（　　）C. 周围人都用，我不用就落伍了

（　　）D. 可以加强同学朋友之间的联系

（　　）E. 能迅速了解各种最新资讯

（　　）F. 为了体验新事物，有新鲜感

（　　）G. 其他

市桥实验小学关于学生使用微博的调查问卷分析

本次调查时间为2012年10月，对象为本校五、六年级学生，其中男生169人，女生159人，共计328人。

本次调查的内容主要包括以下几个方面。

一、学生对微博的态度

在调查的328名学生中，约95.7%是10至12岁的学生，其中注册使用微博（新浪、腾讯等）超过一年的学生约占20.7%，约28%的学生使用时间在3个月以内。大部分同学从五年级开始使用微博，并且会持续使用。约53.04%的学生认为玩微博不会导致学习时间减少，另外约21.3%的同学没有留意这件事，约25.66%的同学认为会导致学习时间减少。可见开通微博对一部分学生来说存在占用课余时间的顾虑，但约78%的学生认为微博不会给其学习带来消极影响。约45%的同学认为微博对学习影响的主要决定因素为自我控制能力。约85.7%的同学认为玩微博不会导致更依赖手机或电脑。分析显示：大部分学生的自控能力比较强，明白微博只是一个与人交流的工具，会合理安排时间。

本次调查中发现有116名学生喜欢微博，约占总调查人数的35.36%。巧合的是同样有116名学生不知道自己是否会坚持使用，看来对于网络时尚，学生的心理都是走一步看一步，且会跟上网络变化更新的脚步。有154名学生是因同学、朋友介绍而开通，约占总调查人数的47.2%；有147名同学（约占44%）使用微博的动机是新鲜好奇；还有84名（约占25%）学生因为自己的同学和朋友都在使用微博，为了社交需要，自己也开通了微博。可见学生开通微博受身边朋友的影响和小学生好奇、乐于与人交往的心理影响较大。

二、学生使用微博情况

对328名学生的调查结果显示，147名（约占44.81%）学生每周登录微博1~2次，98名（约占29.87%）学生想起来才登录。可见大多数学生对微博没有产生依赖心理，未成为"微博控"。学生使用微博情况，用来获取资讯和学习的有75名（约占22.86%），与朋友交流的有104名（约占31.7%），记录心情琐事的有52名（约占15.85%）。从此数据可知，学生开通微博主要用于学习、社交、倾诉。有261名（约占79.57%）学生在微博上关注最多的是自己身边熟知的人，如同学、亲戚、朋友及明星。看来对网络上的陌生人，学生还是较为谨慎地与之保持距离。有67名（约占20.42%）学生收听了陌生的微博。学生在微博的社交圈主要还是生活中的熟人圈，他们使用微博主要还是为了跟熟悉的人进行交流，还没有使用微博进行广泛的交友。

学生在微博上最关注的内容排名依次是同学、朋友的生活琐事89名（约占27.13%），动漫72名（约占21.95%），其他事物57名（约占17.38%）。学生开通微博的主要原因为：随时随地自由地表达观点，分享自己的生活（98名，约占29.88%）；应对无聊，打发闲暇时间（44名，约占13.41%）；能迅速了解各种最新资讯（33名，约占10.06%）。可见学生会寻求各种渠道表达自我，了解资讯。但也不乏"纯粹因为无聊"的，其使用微博单纯是因为好奇或者跟风。

让学生的价值观升值

——广东省中小学"十二五"德育重点研究课题"关于市场经济条件下小学生价值观问题研究"课题结题报告

引言：从"长大当农民"的理想不受欢迎说起

最近江西瑞金市大柏中心小学三年级（2）班举行了一个"谈谈我的理想"少先队主题活动，同学们积极参与，争相发言。有的说长大了要当一名企业家；有的说要当名医；还有的说将来要做一名宇航员，像杨利伟一样遨游太空；等等。这个班的苏满满同学给经济日报《读者之声》来信说：轮到我发言时，我诚实地说"我长大了想当一名农民，种许许多多的粮食，养许许多多的牛羊"。没想到我话还未说完，许多同学便嗦嗦地笑了起来。全班六十多人，只有我一人想当农民，过后，一些同学甚至背地里给我起了一个外号，叫我"小农民"。在家务农的父母也老是念叨着"满满，要好好学习，将来上大学，当大官，不然就会跟爸妈一样没出息，一辈子与土地打交道"。看来，"长大当农民"的理想并不受欢迎。我们曾被教育农民、工人这些劳动者用双手和汗水支撑着这个社会的发展，是最值得尊重、最可爱的人。但是如今，不止一家科研机构对当今青少年价值观的调查和研究显示，农民、工人和技师已成为一些青少年最不愿从事的职业，而青少年最向往的职业是企业家、科学家和影视明星。这值得社会各界深思。

一种价值观的形成和转变，既受自身民族文化积淀的影响，也受社会体制、政策及自然环境的影响。职业理想的选择反映了学生对自己未来的憧憬，学生对各种职业选择的多寡，也是当今社会人们价值观的体现。校园是社会的一面镜子，周围环境对孩子的成长有很大的影响。其一，广大农村农民生活的贫困现状及当下社会普遍对名、利、权的过热追求，使得许多农村的孩子想要走出农村，摆脱贫困；其二，学校对学生的人生理想教育比较薄弱，理想教育也不够贴合实际，较远离社会现实，造成学生学的是一套，见的又是另一套，结果导致学生在学校和社会的两个标准之间迷惑不解。目前，我国正处在社会转型的时期，从价值观来看，当前的人们与以往相比更加务实。因此，务实倾向是现代社会的一个明显特点。

由此看来，如何帮助青少年树立成熟、合理的价值观，已成为当代学校、家庭和社会教育面临的重大课题。尽管世俗化的"光明面相"纷纭，但如果缺乏新的价值观念和规范、及时且强有力的引导，如果人们对于生活的意义、人类的幸福等这类问题都丧失兴趣，不再追问，那就可能在市场和商品经济的大潮中迷失自我。为此，必须高度重视经济、社会、文化、心理之间的全面、协调发展。随着社会的进步和改革的深入，人们不仅物质生活丰富了，精神空间也随之扩大，上一代曾经奉若神明的一些金科玉律，在下一代很少被提及了。上一代的价值观是由当时的社会条件决定的，正像过去流行穿单一的灰衣服一样，他们那时没有多少选择的余地。但现在的年轻一代，在面对价值取向上众多的方向和道路时，反而更容易感到无所适从，因此出现一些消极的现象，引起教师和家长的担心，也是不足为怪的。如何才能帮助青少年建立成熟的、合理的价值观，这对于加强和改进未成年人思想道德建设，仍是一个沉重而又必须解决的现实问题！

一、研究背景

（一）学校基本情况

红基学校位于广州市番禺区沙湾镇紫坭村，毗邻有"岭南明珠"之称的国家"AAAA"级风景区——宝墨园，学校的前身是紫坭小学，始建于清朝末期，是一所具有百余年历史的学校。新校于2001年8月建成并正式投入使用，是一所具有"古建筑、园林化、多功能"特色的现代化学校，蕴含丰富的中华民族教育文化内涵。学校按广东省一级学校标准兴建，校园布局合理，设备先进，环境优雅。学校地处的广州市番禺区沙湾镇，位于珠江三角洲的核心地带，是我国市场经济最发达的地区之一，也是受各种外来文化冲击的前沿阵地之一。

另外，学校学生来源构成比较特殊，有明显的地域性，能反映出我国市场经济发展的现状。学校有经济发达地区的学生280多名（为当地居民的孩子），经济不发达地区的学生200名（为来自广西、贵州、云南、江西、湖南等省份的农村地区进"城"打工人员的孩子），以及破产的国营广东紫坭糖厂职工的孩子。

因此，我校有开展市场经济下小学生价值观研究的现实条件。

（二）国内的研究现状

20多年来，我国价值观的研究经历了一个由隐到显再到热的过程。1980年《学术月刊》发表了杜汝楫的《马克思主义论事实的认识和价值的认识及其联系》。该文从研究实践检验机制着手，回顾了西方关于事实与价值的讨论。由于把价值判断的问题提了出来，也就隐含着与价值判断"体用不二"的价值观问题。

1982年9月，刘奔、李连科在《光明日报》上发表《略论真理观和价值观的统一》。这里的价值观是与真理观相对应的关于价值的学说，其中就隐含着作为价值反映积淀的价值观。1985年5月在安徽屯溪召开的全国真理问题讨论会上，学者们提出了价值认识的真理性问题。1986年5月在杭州召开的价值与认识讨论会上，有人提到是否承认价值认识的真理性涉及是否承认价值观的正确性问题，然而对于作为价值反映积淀的价值观没有展开讨论。社会转型时期的价值变动引发人们观念的激烈变动。作为理论界对这种观念变动研究的反映，价值观的概念开始出现在报纸和杂志上。1987年11月，在陕西西安召开"全国价值论与价值观念变革"学术讨论会，把价值观变革的研究作为大会的主题之一。

在这期间，我国出版了好几本较有影响的有关价值哲学的专著，在这些专著中都把价值观的研究作为其中的重要内容。李连科在《哲学价值论》中提出"建立正确而开放的价值观，实属必要"。袁贵仁在《价值学引论》中专门研究了"价值理想""价值观念"和"价值规范"。李德顺在《价值新论》中阐述了价值观念中的多元性及其冲突。王玉梁在《价值哲学新探》中分析了"价值意识和价值观念"以及"中西价值观念比较"。

价值观的研究逐渐成为学术界研究的热点之一。1998年在西安召开了"邓小平价值观"学术研讨会，1999年在北戴河召开了"价值观念与评价"学术研讨会，2000年在天津南开大学召开了"新世纪的价值观"国际学术研讨会，同年在西安还召开了"理想、信念与价值观"学术研讨会等等。从研究价值观问题的组织情况看，2000年北京师范大学成立了"价值与文化研究中心"；在李铁映同志的倡导和推动下，中国社会科学院哲学研究所于2001年组建了开放式的"价值理论研究室"。此外，一些大学哲学系和省级党校开设了价值论方面的课程，价值论研究人才的培养也被逐步纳入专业化和体制化的轨道。

20世纪90年代后半叶出版了不少专门研究价值观的著作。吴振平在1998年出版了《市场经济与价值观》，探讨了体制转型中"价值观的震荡"问题。漆玲、赵兴在同年出版了《价值观导论——兼论马克思主义价值观》，强调构建全社会共同价值观的必要性和可能性。兰久富在1999年出版了《社会转型时期的价值观念》，着力对中国当前价值观状况做出新的概括和总结。另外还有张书琛的《体制转轨时期珠江三角洲人的价值观》、苏颂兴的《分化与整合——当代中国青年价值观》、仓道来、徐闻的《中西青年价值观的冲突与交融》等研究专著，分别从不同角度对价值观进行了研究。

据不完全统计，自20世纪80年代以来，我国在价值观方面出版的著作已逾30部，发表论文超过500篇。学界对价值认识、价值理论、价值观、价值观念等概念做了进一步规定，对价值观的深层结构和表层结构、价值观的核心意识和外围意识以及一般价值观和特殊价值观进行了划分，对价值观与社会变迁的关系进行了分析，尤其是对社会主义初级阶段的价值观的多元化及其冲突和社会主义市场经济价值观的意义进行了研究。

价值观的理论研究和实证研究尽管取得了一定的成绩，但也存在着明显的不足。大致可以概括为以下几个方面。

其一，价值观的理论研究缺少一定的深度。一些论述价值观的论文和著作由于缺乏深入的研究作为基础，显得没有理论深度和说服力，甚至在一些重要范畴的理解方面缺少共识。关于价值观的规定，价值观与价值观念之间的区别，个体价值观与群体价值观的关系，理想和信念在价值观中的地位和作用，现阶段不同价值观之间的冲突及其发展趋势，社会主义市场经济价值观内涵的确定等，都还没有做足够深入的理论研究。

其二，价值观的理论研究缺少与相关学科的联合。到目前为止，价值观的研究主要局限于哲学学科。社会学、心理学等学科关于价值观方面的专著和论文尚不多见。在价值观研究上，哲学与社会学、心理学，甚至与政治学、教育学等学科的联盟还没有形成。这种研究状况正是价值观理论研究缺少深度的一个重要原因。

其三，价值观的理论研究与实证研究尚没有有机结合。价值观的理论研究往往囿于在自身学科内进行理论推导，缺乏实证研究基础，这样的理论研究缺少对于现实的应用能力。实证研究往往缺乏理论的指导，这样的实证研究缺少理论深度也就可以理解了。国内的一些实证调查往往现成地借用西方的调查工具，之所以不能制定与中国实际情况相适应的调查工具，是与缺少与之相应的理论研究联系在一起的。一些实证调查报告往往是"虎头蛇尾"，即调查数据一大堆，但缺少具有一定深度的理论分析，这也是与缺少与之相应的理论研究联系在一起的。

其四，价值观的实证调查力度不够。与价值观理论研究相比，价值观的实证调查更显得不够。目前已做的有关价值观的调查研究大多是针对青少年的，即使是面向全体公民的，也没有做分层的分析，而且问卷的设计也比较粗糙，缺少信度和效度。对各种不同阶层、不同类型群体价值观状况，对社会主义主导价值观的思想内容、社会基础、实践和宣传教育效果，对国内外文化交流所带来的价值观影响等，缺乏深入现实的，比较充分、周密、细致的调查研究。

因此，我校开展市场经济条件下小学生价值观的研究有很强的指向性和针对性。

（三）课题的级别

"关于市场经济条件下小学生价值观问题研究"是红基学校承担广东省中小学"十五"德育重点研究课题。因此研究该课题具有很强的必要性和指导性。

（四）课题研究的对象与目的

"关于市场经济条件下小学生价值观的研究"是红基学校在新校成功搬迁后，结合学校悠久的办学历史、丰富的校园文化以及学生构成多元化、办学规模扩大化的特点，着眼于新世纪对实施素质教育的新要求，以规范管理、课程改革为途径，以在学校教育教学中全程渗透、弘扬中华优秀文化，全面实施素质教育，把红基学校的师生都培养成为"顶天立地有本事"之人为终极目的的综合性、基础性的一项科研实验。

本课题的研究以小学生日常学习、生活的表现为载体，以课程改革为手段、途径，以全面实施素质教育，优化人才培养模式为目标，旨在通过对市场经济这个特定条件下小学生价值观的研究，探索出在这个年龄段和这种大的社会背景下小学生正确价值观形成的规律及途径。

（五）课题研究的期限

课题从2000年起进入全面实验阶段，历时5年，课题组的全体成员根据我们的研究成果和实际情况，一致认为课题已经可以结题。

二、理论思考

（一）价值观的内涵及结构

价值观是人们判断客观事物有无价值及价值大小的评价标准和根本观点，它是主客观的统一。心理学家罗克奇（M. Rokeach）把价值观分成"终极价值观"和"工具性价值观"两种。其中，"终极价值观"是指人们想要达到的最终目标，如和平的世界、舒适愉快的生活等；"工具性价值观"则是指为达到目标所采取的行为模式，如责任心、勇敢、自我调控等。价值观是形成人们的世界观、人生观，培养健全人格所必须要有的。小学阶段是价值观形成的启蒙阶段，也是进行价值观教育的重要阶段。

虽然对价值观的准确界定还有一些争论和分歧，但是学术界对价值观基本内涵的理解已趋于一致。大家普遍认为，价值观是有别于事实判断和科学知识的另一类认识形式，是判断是非曲直、真善美与假恶丑的价值准则。"价值观是指人们在处理普遍性价值问题上所持的立场、观点和态度的总和。而人们在价值追求上抱有的信念、理想，便构成了价值观所特有的内容。""价值观是指关于价值的特殊观念系统。进一步说，它是人们在处理价值问题，特别是那些普遍性问题时所持的立场、观点、态度的总和。价值观特有的形式，是人们头脑中有关的信念和理想系统。"在心理学中，关于价值观也早有研究，认为价值观是一种外显的或内隐的有关什么是"值得"的看法，它是个人或群体的特征，它影响人们对行为方式、手段和目的的选择。

价值观是判断好坏的标准，也是指导人们行动的指南。什么是好的，什么是坏的，什么是应该提倡的，什么是应该禁止的，对此做出判断就要借助一定的价值观。价值观不同则对同一事物或同一行为的价值评价也不同。价值观就是价值评价的标准，价值评价的差异源于价值观的差异。人们的行动受到价值观的指导，在方向各异的行动背后可以看到价值观的差异。

价值观在社会文化中居于核心地位，是社会文化的精神之所在。"一个社会的主导价值观是该社会所特有的文化、文明的精神实质和显著标志，是它赖以维系的精神支柱，也是社会决策的动机和目的之所在。正因为如此，价值观在思想文化建设中往往占有核心和基础地位。"不同文化间的差异最主要的是价值观的差异，不同文化间的冲突最主要的是价值观的冲突。

价值观有正确与错误的区别。只有正确的价值观才能指导人们积极、健康地生活，而错误的价值观只会引人误入歧途。"一种价值观是否科学、合理、先进，归根到底要看它如何反映和反映了什么样的主体利益、条件和需要，是否同事物发展的规律和人类历史进步的趋势相一致。"当一种价值观同社会历史发展的趋势相一致，并能够反映大多数人的长远利益时，这样的价值观就是合理的、正确的。而违背社会历史发展趋势，违背大多数人的长远利益的价值观就是不合理、不正确的。关于价值观的绝对性与相对性的讨论，以及关于价值真理的讨论都与此相关。主张价值观具有绝对性和真理性，就是肯定正确价值观与错误价值观之间界限分明，不容混淆。

价值观与世界观、人生观密切相关。世界观是价值观的前提，有了科学的世界观才有可能形成正确的价值观。人生观是价值观的一个部分，价值观对人们如何看待自我、如何理解生活、如何处理人我关系都有重要的影响。世界观、价值观和人生观共同影响人们的观念和行动，对世界观、价值观和人生观的教育是对人的教育的重要内容。

学术界普遍认为价值观是分为不同层次的。就个人的价值观来说，有的价值观居于核心地位，它制约和引导着其他价值观；就整个社会的价值体系而言，有的价值观居于主导地位，它引导着社会主体的价值取向和价值判断。从主导价值观或核心价值观中引申出的次要价值观，形成主导价值观的外围"保护带"。但是究竟哪些价值观属于核心价值观，学术界对此有较大分歧。

观点之一：在价值体系中，理想、信念是最深层次的价值观念。"理想、信念是居于支配地位的核心价值观念，是价值观的集中体现，这就决定了理想、信念教育是思想建设的核心。"

观点之二：价值观念的深层结构是与世界观、历史观和人生观相连而形成的对最高价值的看法或原则。它构成价值观念的内核，表层结构则是由之推出和派生的对具体事物、行为的利害、好坏的观点，执行评价标准的功能。

观点之三：关于劳动的价值观和关于人我关系的价值观是价值体系的两个核心价值观。劳动价值观用以解释劳动的价值，合理的劳动观可以激发劳动的热情和创造的渴望。人我价值观用以解释人在社会中的价值，正确的人我价值观有利于人的全面发展和社会的全面进步。

观点之四：本位观念是价值观的核心。把什么看作是最重要的价值，以什么作为衡量其他价值的标准，对此做不同理解就形成不同的本位观念，如群体本位、个人本位、权力本位、金钱本位、能力本位等。

观点之五：利益观是整个价值观的基础，也是其核心。

以上是在哲学的层面上对核心价值观的探讨。在心理学中也有对价值观内容的分类研究，最有影响的分类方法是将价值观分为经济的、理论的、审美的、社会的、政治的和宗教的不同类别，并按此标准制定了价值观研究量表。还有的心理学家将价值观分为终极性价值观和工具性价值观，每一类由18项价值信念组成。

其实，区分价值观的层次并不仅仅是一个理论问题，还是一个实践问题。从当前社会面临的价值观问题出发，以引导社会价值观为目的，有针对性地划分价值观的层次，具有重要的现实意义。据此，我们主张从以下三个方面划分社会价值观的层次。

第一，要区别主导价值观和非主导价值观

每一个社会都有一个或几个价值观作为主导价值观，它们引导着社会价值取向和人们的理想、信念。主导价值观应该有最广泛的接受者和最深刻的解释力，是社会群体在观念上普遍认可并在行动中实际践行的价值标准，为人们的价值评价、价值选择提供最有说服力的依据。主导价值观还应该与社会生活的基本状况和基本要求相一致，只有这样才能够深入人心，发挥更强大的引导作用。当一个社会主导价值观缺失时，会出现价值危机、信仰危机、价值失范等现象，此时必须尽快确立主导价值观。非主导价值观分为两类：一类是与主导价值观基本一致的价值观，对这些价值观应该给予积极的引导；另一类是与主导价值观背道而驰的价值观，应注意这些价值观对社会和个人造成的消极影响。

第二，要区别理想价值观和一般价值观

理想价值观符合社会历史发展的必然规律和大多数人的长远利益，其合理性是不容置疑的。但是，理想价值观在目前社会历史阶段还不能成为社会大众普遍践行的价值观。如果无视社会历史条件的局限，把理想价值观作为唯一正确的价值观进行宣传，是不符合实际的，也不会取得好的效果。为此，在提倡理想价值观的同时，还应该宣传人们应该践行而且能够认同的一般价值观，如爱国主义、公民观念、社会公德等。一般价值观不能违背理想价值观，一般

价值观也应该发挥提升人们思想境界的作用。

第三，要区别公共领域的价值观和私人领域的价值观

不同价值观所涉及的领域并不相同，有些价值观涉及的是社会公共领域，如政治观念、公德观念等；有些价值观涉及的仅仅是私人生活领域，如审美观、职业观等。前一种可以称为公共价值观，后一种可以称为私人价值观。虽然纯粹的私人价值观并不存在，它们或多或少都与公共价值观有联系，但是区别公共价值观和私人价值观也是非常有意义的。从一个国家或一个社会的角度进行价值观宣传与教育，应该主要针对公共价值观领域。公共价值观应该统一，如此才能保证社会的和谐有序，而私人价值观应该是多样的，如此才能使社会生活更加丰富多彩。

（二）小学教育中的价值观目标

《中华人民共和国义务教育法》规定："义务教育必须贯彻国家的教育方针，努力提高教育质量，使儿童、少年在品德、智力、体力等方面全面发展，为提高全民族的素质，培养有理想、有道德、有文化、有纪律的社会主义建设人才奠定基础。"《中国教育改革和发展纲要》则更明确地指出："基础教育是提高民族素质的奠基工程。"这就十分清楚地告诉我们，基础教育的价值主要表现在两个方面：第一，基础教育基本目标在于提高整个中华民族的素质，它的对象和着眼点是全体人民，而不是一部分人，更不是少数人；第二，基础教育的功能是为提高全民族的素质奠定基础，它强调的是对人的基本素质的培养，而不是专业或某些专门人才的培养。由此可见，提高民族素质是基础教育价值观的核心，基础教育的教学内容、课程体系、教育教学观念与思想、教学方法以及评估指标体系等，都必须服从这样一个核心内容。

我们知道，整个民族素质是由每个公民的素质构成的，它不仅包含人的生理上与生俱来的特点，而且包括人的体质、文化素质、思想道德素质等，即一个人在德、智、体、美诸多方面的素质。那么，如何提高德、智、体、美诸方面的教育教学质量呢？在身体方面，应保证学生身体发育正常、体质强壮、无后天残疾等。在文化素质方面，应保证学生掌握文化工具（包括会说普通话等），有一定的文化教养（文化修养、理论修养、艺术借鉴与实践能力），有一定的专业知识与技能，有良好的心理特征（智力、兴趣、情感等）。在思想道德素质方面，应培养学生的政治观、人生观（价值观、幸福观、责任感、义务感）、道德观等。民族素质不仅取决于每个国民的素质，还应当包括一个国家、一个民族在长期的历史进程中所形成的民族特性，如中国人民的勤劳、刚健等。这些素质作为民族意识通过民族文化世代传递下来，形成自己的特色，整个民族素质既有赖于个人的素质，又构成个人素质发展的条件。所以，作为以提高民族素质为核心的基础教育，不可忽视对我国优秀文化传统的弘扬和发展。

鉴于以上认识，在基础教育的整个过程中，我们必须始终强调这样两点：一是不断发展学生德、智、体、美等各方面的素质；二是要充分发展学生潜在的各种才能，焕发学生的主观能动性、积极性，提高学生的主体意识，让学生意识到自身存在的意义，激发其自信和奋发向上的精神，为最终自如驾驭自己的创造活动做好准备。

要实现这样的基础教育过程，我们就应当打破侧重"规范"，视学生为可塑物的中国传统教育的框架，防止片面强调教师的主导与绝对权威。应当尊重学生的人格，强调学生的主体发展，强调学生的主体地位，侧重"引发""生长"，视学生为主体，让学生在发展自我素质的过程中认识自己的价值，萌生创造的欲望。

三、主要策略、方法及成效

建立科研工作的新模式是我校开展专项教育实验研究的一个重点。要使我校学生接受正确的教育，并内化为他们的自身素质，这就需要在丰富多彩的教育实践中探讨相应的、有效的教育模式。

本课题的研究给全校教师提供了施展才华、进行创造的广阔天地。我们遵循教育规律，依据教育理论，针对不同学段学生的特点，积累了许多新经验，形成了培养学生正确价值观的基本点、承接点、关键点、交汇点、发力点、突破点、兴奋点和辐射点。

（一）培养学生正确价值观的基本点——建立"学校、家庭、社区"三位一体育人模式

这是以学校教育为主体，以家庭与社区教育为"两翼"，学校、家庭、社区教育三结合的整体优化教育模式。在目标上，以培养学生正确的价值观为最终目的；在方法上，以思想品德课为主，同时渗透各科教学及活动中。这种教育模式将零碎、局部的教育活动统一成严密的教育网络，形成一个目标明确、操作有序的运行机制，克服了随意性，保证了价值观教育的实效性。

学校可以说是社会群体的一个焦点与中心。学校在社会生活中处于重要地位，这是因为它是学生与家长和其他人联系的纽带，而且在以下活动中起着领导作用：探讨群体生活本质；探讨如何对价值观进行引导，如何使群体更富道德感等等。学校可以和其他机构一起努力来实现价值观目标。

1. 培养学生正确的价值观从家庭开始

在孩子的成长过程中，家庭、社会和学校都会对其产生影响，而家庭的影响是最深刻的。在家庭教育中，由于父母与孩子有着长期、紧密的特殊联系，因此，父母就成为影响孩子成长的主要因素。老舍先生曾说："教过我的老师有近百位，其中有给我很大影响的，也有毫无影响的。但是我真正的老师，把性格传给我的，是我的母亲。"可见，父母的一言一行、一举一动，对孩子都有熏陶渐染、潜移默化的作用。

因此，我们要动员家长来培养学生的价值观，尤其是在改变态度和认识方面。举例说，通过与家长制订关于守时的"契约"，让家长保证儿童在踢足球之前完成家庭作业，或通过家长联系册，让家长监督并关心孩子的作业质量。对孩子家长，需要通过解释和理性的辩论等方式，让他们了解学校的各种规范。我们学校经常组织学生家长来了解并参与制订学校的教学规划。只有通过真诚的对话和交流，才能与家长协同合作，共同培养学生的价值观。这也会让一些原本隐性的猜疑、偏见和价值观冲突得以透明化。可以这么说，坦诚相待和充分探讨与交流，是进行价值观辨析、达成一致目标的必然步骤。若没有家庭的配合，学校所建立的只是一个与现实割裂开的价值观世界，学生在其中所受的教育，对其整体的协调发展起不到相应的促进作用。各班的教师可把学校的教育目标和内容通过家长信、家长会、家访等方式通知学生家长。比如每学期召开家长会，要求家长参与、配合学校开展价值观教育。通过5年多的实践，价值观教育走进了千家万户。"一个学生可以带动两个家长"，家长们热情参与，支持和配合学校，针对学生的思想实际和变化，纷纷谈体会、提建议。

（1）目前我校家长存在的家庭教育误区

①教育目标上的误区

"重智轻德"。"重智轻德"是家庭教育中存在的比较普遍的误区。这种家庭教育观念是：孩子有了文化知识，就是有能力，就是人才。这种理解虽然表明了家长对文化及科学技术知识的重视，却是对人才的一种误解。有的家长十分重视儿童智力开发，在孩子学习上不惜投入，根据孩子的爱好、长处让孩子参加各种学习培训班。孩子学习成绩上来了，家长却忽视了对儿童品德的早期培养和对儿童行为习惯的早期训练。很多孩子自私、霸道、狂妄，自尊心很强，不合群，没有爱心，甚至有变态心理。有的孩子读了大学还不会自己洗衣服，生活自理能力差，遇到挫折就意志消沉，无法战胜困难，最终自甘堕落。

物质刺激泛滥。独生子女是父母的"独根苗苗""掌上明珠"。随着改革开放的不断深入，人们的生活水平得到极大的改善，家长们有钱了，对孩子的需求也无原则地给予满足。孩子考试拿到了高分，就立刻以金钱、物质作为奖励；孩子帮家里干了一些家务活，父母也给钱。渐渐地，孩子养成了无论做什么事都要用钱作交换的坏习惯，什么都以金钱为重，没有了金钱，什么动力也没有。这种过度的物质和金钱刺激，冲淡甚至废弃了精神鼓励，使孩子形成强烈的物质占有欲，以致贪图物质享受，从而失去斗志，失去艰苦奋斗和奋发向上的勇气。钱多了，也会毁掉孩子。物质刺激的另一种表现是以金钱为轴心的家庭教育。一些家长开口闭口都谈钱，"读书没有用，不如早赚钱"，这是不少家庭经常谈论的话题。有的家庭干脆叫孩子"炒更"，帮做生意。据广东省阳春市春城派出所统计，因金钱而犯罪的青少年占犯罪青少年总人数的86.5%。这是一个不容忽视的问题，是家庭教育的一大误区，关系着青少年的健康成长，更影响到祖国建设的未来。

"听话"教育。常听到家长这样对孩子说："你要做个听话的孩子。""你不听话，妈妈不喜欢你。"家长不着眼于培养孩子辨别是非的能力，一味叫孩子盲从，听话与否成了衡量一个孩子好与坏的唯一标准。通过对春城一小1000多名学生家长进行的问卷调查得知，72%的家长认为听话才是好孩子。在家里孩子得听大人的话，在学校要听老师的话，谁的地位高，谁的"真理"就多。做家长的往往凭借自己的地位之尊，将自己的意愿强加于孩子，并要求孩子按家长的标准行事。长此以往，孩子会一直处于被动地位。但他们知道只要按大人的指示去做，就会得到表扬和奖励，而一旦逆着大人的意愿去做，就会遭到谴责和批评。在这种教育下，孩子就会形成强烈的依赖心理，销蚀了勇敢、好奇的心态灵气，这实际是对儿童个性的压抑。这样培养出来的人必然是软弱的，缺乏主见，平庸无能，习惯被别人安排，遇到困难就畏缩，遇到挫折就沮丧，自立精神和应变能力都很差。很明显，面对开放的、竞争激烈的现代社会，这种人是很难有所作为的，更谈不上对社会有卓越的贡献了。贝多芬曾说过这样的一句话："卓越的人一大优点是在不利与艰难的遭遇里能百折不挠。"因此，家长们应留给孩子一条自己闯的路，让他们在大风大浪中锻炼自己的意志，培养自己的创新意识和创造能力。

"以分为本"的教育。在长期应试教育的影响下，"分数"成为家长、教师和学生追求的最终目标。高分就是高能，低分就是低能，分数的高低成为衡量孩子学习好与坏的唯一标准。孩子考到高分，就会让家长和教师眉开眼笑，就可得到表扬和奖励，所有荣誉也就非他莫属了。而考到低分的孩子，会遭到父母及老师的批评，有的家长还会重重地打他们一顿。孩子对学习逐渐失去兴趣，最终放弃学习。陈某是个活泼好动的孩子，他喜欢做手工，什么纸船、木船、纸飞机、竹枪、竹鸟笼，他都会做。可是他的成绩并不好，每次考试都是60多分，结果经常从他家里传来小陈的哭喊声以及父母打孩子的声音。如果他的父母引导得好，小陈在手工创作有出色表现的基础上，一定会勤于学习文化科学知识，大大提高学业成绩。这种"以分为本"的教育是错误的。

②教育方式上的误区

第一，棍棒教育。当今，仍有许多家长信奉"棍棒底下出孝子"的信条，认为"打是亲，骂是爱"。他们不把孩子看成是一个独立的有自尊心的人，认为孩子是自己的骨肉，父母的意志就是孩子的意志。小陈的父母就是奉行"棍棒教育"的一个例子。他们采取的"棍棒教育"不是出于让孩子服从的目的，而是"望子成龙，盼女成凤"心切所反映出来的暴躁。"棒棍教育"是极有害的，它给孩子的身心带来了许多不良影响。有的孩子在父母的权威下，唯唯诺诺、唯命是从、谨小慎微；有的孩子为逃避父母的责骂，在父母面前有了错误，不敢说真话，逐渐养成说谎的坏习惯；更为严重的，有的孩子因不堪忍受家长的打骂和虐待，离家出走，流浪社会，走上犯罪的道路。

第二，随意性教育。儿童的身心成长是有规律的发展过程。因材施教，才能让儿童健康成长。而许多家长的家庭教育是被孩子的"问题"牵着走的。孩子出了问题，如成绩不好、犯了错误、毁坏东西等，家长必定教训一通。如果孩子平安无事，家长的教育也就放松了。有的家长按照自己的意愿去教育孩子，自己认为孩子将来应该如何如何，给孩子设计未来，不顾孩子的实际情况，平常的教育总是一厢情愿。教育的语言和方法随心所欲，没有分寸标准。有时还要看家长的心情，心情好时说一个样，心情坏时说又一个样，使孩子无所适从。家庭成员对孩子的期望及教育方式也不一致，各行其是。这种主观随意性教育伤害了孩子的心灵，不利于孩子健康成长，使孩子缺乏行动指南。有一位家长，明知道自己读六年级的儿子非常喜欢画画，可他偏认为画画没有出息，不准儿子画画，强迫儿子学习英语和电脑，每见到儿子画画就大骂，甚至撕碎儿子的画。这种随意性的教育方式，撕碎的不仅仅是儿子的画，还是儿子的学习兴趣，后果严重时甚至会毁了他儿子的整个人生。

第三，"说教"教育。许多家长认为家庭教育就是"说教"，这显然也是一个误区。家庭教育的一个重要特点是它的渗透性，即把教育渗透在家庭的日常生活中。我们把家庭教育归结为"言教、身教、境教"三者的结合，三者缺一不可。言教，应是启发性的说服教育，而不是随意的批评和训斥。有的家长的言教，不是给孩子摆事实讲道理，而是批评、责备，甚至"骂教"孩子，这肯定不会收到好的效果。身教，是指家长示范性的教育，即处处给孩子做出好的榜样，使孩子从心底敬佩、信服，从而模仿家长，进行自我教育。有些家长只管孩子，不管自己，要求孩子做到，自己却做不到，甚至背道而驰，这样是不能教育好孩子的。环境教育就是创造有利于孩子身心健康成长的有利环境。根据对春城一小300多名家长的调查问卷结果，有267名家长停留在言教方式上，约占总人数的89%；有10.5%的家长会结合言传身教；真正做到言教、身教和境教相结合的仅有0.5%。

第四，灌输教育。在很多家长的头脑中都有这样的信念："万般皆下品，唯有读书高。"他们认为读书越多，学问越深，本事就越大，也越有出息。因此，他们强调死记硬背，不考虑孩子的兴趣，不考虑孩子能不能接受，一股脑儿地把一些他们认为重要的知识灌输给孩子。让孩子整天记、写、背，总之，能背下来就算孩子掌握了，也不管孩子有没有理解。这样的教育能培养出适应这个日新月异的世界的人才吗？现代社会需要的不是唯读书、唯上学的书呆子，而是勇于探索、敢于竞争、富于创新精神的新一代人。

（2）我校的教育对策

第一，教育家长们必须从应试教育中走出来，真正认识到应试教育给孩子带来的不良后果，不要一味地追求分数。要重新认识素质教育的重要性，坚决走素质教育的道路，解放孩子，也解放自己，尊重孩子的个性发展，注重孩子的智力开发，培养孩子的创新能力。

第二，教育家长们必须有正确的人才观，不要总是认为只有上大学，孩子才有出息。世界之大、职业之多，每一行都有其重要的作用，只要是适合孩子发展的，都应给予支持。"三百六十行，行行出状元。"

第三，引导家长把握好爱孩子的"度"，要有意识地培养孩子各方面的能力，放手让孩子去做，锻炼孩子的意志力，为他们今后独立生活做好充分准备。

第四，提醒家长们要以身作则，时时处处给孩子以榜样，要求孩子做到的，首先自己必须做到；要求孩子不能做的，首先自己带头不做。

第五，要求家长们调动孩子学习的主动性，多表扬，多鼓励，树立孩子的自信心。让孩子品尝到成功的乐趣，但也要适当让孩子尝试失败的滋味，就像一位心理辅导专家说的："要是经常教导他失败了尽可再试，遇到困难时正好可以锻炼其坚韧的品格。"

家庭是社会的细胞，孩子也是社会的个体。家庭教育不仅直接影响着孩子的前途和家庭的幸福，更关系社会的发展和祖国的未来。家长们要正确认识家庭教育，尽快走出教育的误区，让孩子们在父母、教师的正确引导下，健康快乐地成长，养成正确的价值观。

2. 学校是培养学生正确价值观的关键

学校对于人们来说，其实是更具道德感和社会性的地方。群体的价值观、态度和行为规范与学校不一致时，会导致学校内部以及学校与群体之间关系紧张，通常这种紧张状况会受当地媒体和流言的刺激而激化。

学校越来越多地关注周围团体的经济条件对教育的冲击，尤其是当家庭的经济状况及父母间的关系已经影响到孩子的教育时，我们就会要求班主任和其他教师去引导家长、教育家长，同时还要求教师明白自己如何才能成为父母教育子女的帮手。

（1）学校培养学生正确价值观的主要途径

① 开发校本课程。依据这种教育思路，我们在课题研究中，紧紧抓住思想品德课这条主渠道，以班主任、任课教师为主导，以学科渗透为主要手段，使价值观教育贯穿学校教育的全过程。

学校思品科教研组的全体教师根据新《课程标准》，充分挖掘身边的乡土教学资源，自定了一门校本课程——《传统美德四字格言》。该课程包括课程编排指导思想、课程目标、课程内容、课程实施途径、课程评价标准等。自2004年起，全校各班将《传统美德四字格言》作为一门学科纳入教学计划，每星期用1学时完成各学段中华传统美德教学内容。允许各校根据对象和环境的差别，适当增删教学内容、调整教学重点，并充分利用现代化多媒体手段提高教育效果。

② 各学科渗透。要求教师既教书又育人，既授业又解惑，美德教育内容在各学科教学中力争有所体现，既讲求实效，又避免牵强附会。任课教师在教学中如何渗透美德教育、效果如何，每学期通过检查其备课笔记、征求学生意见等，作为教师考核内容与评优挂钩。

全体实验教师进行了多种教学方法的实验，有的交错进行，有的主辅依次进行。一些效果比较好的方法经过反复实验、不断完善，形成了操作性比较强的教学与教育模式，具有相对稳定性。这些模式概括起来有如下几种：

第一，循章节，系统讲授模式；

第二，列专题，重点讲座模式；

第三，收集问题，针对性讲解模式；

第四，分题准备，答辩模式；

第五，给材料，案例讨论模式；

第六，活动或训练模式。

③ 校园文化建设。为突出价值观教育的氛围，校园内的各处建筑和布置统一规划，使校园环境形成鲜明特色。从古训展牌、板报、专栏、广播到文化长廊和展室，处处发挥着潜移默化的教育作用。

④ 通过课外活动、科技文体活动和社会实践活动，开展价值观教育。全校各班先后组织了"正确使用压岁钱主题班会""争当美德标兵""雏鹰活动"和"争当环保小卫士"等活动，还先后开展了交往知识书签制作竞赛、演讲比赛、诗歌朗诵、传统美德故事会等各种比赛。活动和比赛的开展使学生受到了道德的洗礼和心灵的陶冶，推动了学生正确价值观的形成。

（2）建立学生全程参与和主体内化的模式

学校十分注意调动学生的主体积极性，创造各种条件让学生参与，使学生在参与之中体悟、深化，逐步形成自身的道德行为与习惯。创造了使学生通过"读、抄、做、写、评"五个教育环节，实现"主体内化"价值观的教育新模式。

"读"，是在教师的帮助下，学生对价值观的基本知识、规范有一个基本的掌握与理解。这是一个认知的过程。

"抄"，是在教师的指导下，学生自己动手，从自己能找到的各种资料中，摘抄与正在学习的价值观教育相关的正、负面资料，整齐地编辑在自己办的读书板报上。这是训练学生的辨别、选择能力以及运用语言、文字的能力。

"做"，学生学习一个价值观的内容后，就在教师指导下，围绕此价值观教育的要求去践行，在践行当中体验更深层的内涵，以实现从行善到从善的转化，在知与行的多次循环往复之中达到知行的统一。学生即使做了很小的一件善事，也能够得到他人的认同与肯定，心灵得到满足，精神获得安慰与愉快，进而明白"勿以善小而不为，勿以恶小而为之""积善成德""积小善成大德"的道理，并逐步形成一种习惯，从而"习惯成自然"。学生的正确价值观就是在这种实践当中积淀而成的。

"写"，是基于教师的指导，学生学习某一个正确价值观全部内容之后，把自己的"心得"书写出来。这是学生正确价值观在外化、内化的基础上，从信念上的"深化"。而且教师从学生所写的"心得"当中，可以察觉每个学生"深化"的程度，并找到下一个继续深化教育的起点。

"评"，是指学生的自评、学生之间的互评、教师评学生、家长评子女等评价制度。多方面的评价不仅能够反映学生的成长和变化，而且这一过程的本身就是一种对正确价值观的理性认同与深层内化。

"读""抄""做""写""评"，是一个从外化到内化，不断循环往复形成学生意识、行为、习惯的合乎规律的教育与自我教育的过程。按照这五个字的"主体内化"过程，在教育中，反反复复、循环不止，一定会从每个学生的品质上收到切切实实的教育效果。"提高民族的素质"就有望得到真正的落实。

（3）确立培养正确价值观的目标行为内化模式

①确立目标

我校学生价值观教育围绕合作、自由、幸福、诚实、谦卑、和平、爱、尊重、需要、朴素、忍耐、团结这些方面的目标，结合《小学生日常行为规范》，依据儿童年龄特征和生活习惯，首先确立了学校学生价值观教育的总目标。然后每个年级根据学生的年龄和知识情况，侧重落实几个目标，并在此基础上制定了每个目标的具体实施细则。比如小学四年级"热爱劳动"主题教育目标可分解为：第一，学会布置房间；第二，学会做四种菜；第三，学会钉纽扣；第四，每天坚持做一次家务劳动等等。这些小目标个个看得见、摸得着，十分具体化、儿童化。学生经过努力，在实践过程中实现一个个目标，进而养成良好的美德与习惯。

②学习目标

每个班级班主任围绕本年级该学习掌握的内容，利用班队会时间，带领本班学生对学校制订的行为检评小目标逐条学习，组织学生对照核检找差距，协同每一名学生分析现状，找出自己的强项、中项、弱项，同时提出"强项贵以恒，中项不放松，弱项要注重"的要求，制订个人和集体分步达标的具体计划。

③实践目标

学生明确目标后，在日常学习和生活中，认真按照标准去做。各班班主任根据学生的实际，做到有重点地帮助学生培养正确价值观，应把重点放在未达标的学生身上，注重个别学生难以养成的行为习惯，做到因材施教、耐心细致、及时提醒。对个别学生的未达标方面，需要家长配合实施的目标，定期重点走访，与家长协调教育行为。

④评价目标

小学生的意志行为持久性差，价值观教育目标实施一定时间后，应及时为学生更换新目标，这就需要及时对上一个目标进行评价，让学生对照目标回顾自己的日常行为。这个评价过程包括：

第一，自我评价。让学生对照目标回顾自己的日常行为，对自己的优缺点、对自己的进步和存在的问题做出客观的自我评价，以等级形式检查自己对每个价值观教育的践行情况。在自我评价中，学生能够发展自我意识，较正确地分析自我、认识自我，找准差距，做到"见贤思齐"，鞭策自己不断前进。让学生能从内心认识到：评价不是学校、班级管我，而是我要管好自己，从而强化自觉参与意识。

第二，中队评价。对每个学生的自评进行认可或复评。通过认可或复评，较全面地评价每一个学生，帮助洗擦"脖后灰"；对个别学生存在的问题，提出改进的意见和措施，帮助其取长补短，共同提高。

第三，家长评价。有些行为习惯需要在家庭中形成。家长可对照孩子的自我评价和班级评价，以评语意见的形式对自己的孩子进行公正地评定，督促孩子养成良好的行为习惯。

第四，班主任综合评价。班主任根据平时对学生的了解，综合各方面的情况对学生进行阶段性综合评价，这是再进步的新起点，分四项内容：一是表彰，对每个主题目标达标高的学生进行班级表彰，并上报学校小广播站；二是对某些差距大的学生，班主任采取"鼓励"的激励性策略，做好转化工作；三是统计好达标分数；四是制订好弥补方案。

总之，课题组的全体教师在把握学生认知心理的基础上，要发挥优秀文化的感染力量；在把握学生对操作有兴趣的心理基础上，密切联系现实不断探讨更加科学和适宜的方法；在把握学生对尚美、尚真、尚善有追求的心理基础上，帮助他们不断战胜自我，养成良好的行为习惯和个性品格。

3. 社区教育是培养小学生正确价值观的保证

学校教育不能封闭，只有开放才能有更佳的教育实效。学校对学生进行价值观教育，除了要发挥学校教育的关键作用、家庭教育的启蒙与强化作用外，还必须充分发挥社区教育在培养学生价值观上的作用。

学校将宝墨园、紫坭糖厂、三善古庙群等作为学校德育教育基地，各实验教师结合美德教育内容，定期组织学生到基地开展丰富多彩的活动，使学生接受传统文化教育，了解本地悠久的历史文化及改革开放以来发生的巨大变化。中华传统美德教育得到了社会各界的支持，多名离退休干部、老英模和社会各界人士组成的红基学校发展顾问委员会，积极参与价值观教育，为学校出谋划策，提供价值观教育素材，引导参观，指导实践，为学校教育创造了有利的社会环境。

（二）学校培养学生正确价值观的承接点——弘扬中华传统美德

为培养学生正确的价值观，我校主要从教育观念、内容、途径、目标、方法、队伍、机制等方面进行一系列改革，从而不断增强教育工作的时代感、主动性、针对性和实效性。

1. 在教育观念上，体现时代性

一是树立以人为本的观念，采用疏导方针，由过去的强制性工作向晓之以理、动之以情的疏导性工作转变，由单纯灌输向形式多样、因材施教转变，由我打你通的被动型方式向引导对象进行自我教育的主动型方式转变。尊重人、理解人、关心人，以情感人，以事明理，将学校的价值观教育要求转化为学生自身的内在需要（内化），通过学生的自我教育，实现教育目标的最大化完成。二是树立效益意识，力戒形式主义，发扬实事求是的工作作风，深入学生中间调查研究，做学生的朋友，及时把握学生的思想动态，以便有针对性地开展中华民族传统美德教育，不断提高工作的实效性。

2. 在教育内容上，体现层次性

一是确定了我们学校利用中华传统美德进行价值观教育的内容，即求善与求真、成圣与合群。

"求真"是对终极价值的关切，真善美是相互联系在一起的，"求真"必然涉及求善和求美。在中国传统哲学中，善是对道德价值的关切，美是对艺术价值的关切。所谓"善"，是指主体需求同社会存在的必然性相符合并得到满足。所谓"美"，是指主体需求同自然存在的必然性相符合并得到满足。儒家基于"求诚"的价值取向，"求善""求美"，但以求善为重点，注重理想与现实的结合；道家基于"求真"的价值取向，"求善""求美"，注重理想对现实的超越。

孔子把"善"和"美"定位为价值追求的目标，提出"尽善尽美"的命题。他认为美与善既有区别又有联系，主张先善而后美，以美比德，以美陶冶道德情操。美之所以为美，是因为自然物的形象表现出与人的美德类似的特征。"智者乐水""仁者乐山"。美分为形式美和内容美，主张二者结合，"质胜于文则野，文胜于质则史。文质彬彬然后为君子"。

孟子则进一步把美纳入善的范围之中，不再区分善和美。孟子说，"可欲之谓善""充实之为美"。"可欲"，是值得追求的意思；"充实"，是价值实现的意思。总之，善是美的内容，美是善的形式；善是美的本质，美是善的升华。

成圣与合群。追求真善美，说到底是成为什么样的人、建立什么样的社会的问题，即理想人格和理想社会的问题。

我国古人都把圣人作为理想人格。首先，圣人是仁德的化身。孔子把圣与仁并称，"若圣与仁，则吾岂敢"。程颐："圣人，仁之至。"周敦颐："诚者，圣人之本。""圣，诚而已矣。"其次，圣人是凡人的楷模。圣人仍然是人，而不是神，其对众人发挥教化作用。圣人与众人之间不存在不可逾越的鸿沟。对于众人来说，圣人是可以学而至之的。孔子说过"后生可畏，焉知来者不如今者也？"这叫作"超凡入圣"。再次，圣人奉行"邦有道则现，邦无道则隐"的原则。是否出来当官，要看能否实行君子之道，而不是为了功名利禄。如果当官而不能实行君子之道，那么就要修养自身，孟子说"穷则独善其身，达则兼济天下。""虽大行不加焉，虽穷居不损焉，分定故也。"最后，在分析德才关系时，把德放在首位。这不是排斥才，而是认为德更重要。

古人追求大同之世。大同之世是儒家定位的社会群体的终极价值目标，并且认为实现这一目标需要有个过程，要经过小康阶段。

《礼记·礼运》："大道之行，天下为公。选贤与能，讲信修睦。故人不独亲其亲，不独子其子，使老有所养，壮有所用，幼有所长，矜、寡、孤、独、废、疾者，皆有所养。男有分，女有归。货恶其弃于地也，不必藏于己；力恶其不出于身也，不必为己。是故谋闭而不兴，盗窃乱贼而不作，故外户而不闭。是谓大同。"

作者对于大同社会的认识很深刻。他说：这里讲的是道德意义上或价值意义上的社会理想，并非某种社会制度。大同说的主旨在于倡导合群的价值观念，并非在设计制度模式，因此是围绕着价值理想展开论述的。第一句讲的不是所有制问题，强调的是群体意识至上，而不是个体意识至上。第二句讲的是社会群体的价值导向问题。第三句话和第四句话讲的是社会群体对所有社会成员应该抱有的态度。第四句话强调的是社会成员对于社会群体应有的奉献精神。第五句话是对理想社会图景的描述：人人都具有高尚人格，精神文明高度发达，关心他人、关心社会群体蔚然成风，人际关系高度和谐，完全消灭争斗、盗窃等丑恶的社会现象。

小康是通往大同的阶段。小康与大同的区别在于，大同是以大道维系群体，小康是以礼仪制度维系群体。大同之世的理想突出群体的价值，要求个体服从群体。这一群体价值观为中华民族凝聚力提供了理论支撑。

二是根据年龄层次，开展分层教育。根据学生的年龄、身心特点、认知能力，设置由浅入深、由感性到理性、由具体到抽象的循序渐进的教育内容。比如，对低年级学生讲故事，对高年级学生讲规范，使中华民族传统美德教育内容逐步扎根在学生的思想深处。

三是要把握好先进性与广泛性的关系。立足于"先做人、后成才"的德育观点，在学生中广泛宣传中华传统美德；同时注重学生的基本道德观教育，加强社会公德以及个人道德品质教育，如树立尊重、责任、诚实、守信等观念，把学生培养成为具备基本道德素质的合格的人，继而再以更高标准的道德规范要求之。

四是要分阶段。当前,要着眼于我国社会主义初级阶段的国情、社情来明确现阶段中华民族传统美德和革命传统教育目标,让学生都有爱国、正义、自立、创新的价值观念,有进取心和责任心,我们的社会就能稳定有序地发展。

3. 在教育途径上,体现整体性

构建学校、家庭、社会三位一体的中华民族传统美德教育的立体网络,力求取得整体效应。一是要发挥学校在中华民族传统美德教育中的主阵地作用,这是由学校的特殊性决定的。学校进行传统美德教育以各门学科的渗透为主,以课外活动为辅,相互促进。我们整合了全校教师的力量,形成合力,将主题班队活动与学生日常行为规范的要求相结合,开展价值观的养成教育。发挥少先队独特的优势,将传统美德教育内容糅合进丰富多彩的少先队活动。二是发挥家庭教育的辅助功能。家庭是社会的细胞,家庭美德教育是传统美德教育的重要组成部分,家长的道德水平直接影响孩子道德观念的养成。家长要以自己的言传身教引导孩子树立尊老爱幼、孝顺父母、勤劳节俭、自己的事情自己做等意识,教会孩子为人处世的基本道理。学校要求全体教师加强与家庭的联系与沟通,梳理学校教育与家庭教育的关系,发挥家庭的辅助教育功能,形成教育合力。通过组织家长到学校和进行家访,让家长和学生共同参与亲子内容的团队活动,促进家长教育观念的转变和亲子关系的和谐。三是发挥社区的综合依托功能。以街道居民区、紫坭村民、厂区居民为基本单位的社区,是学生在学习之余的主要生活空间,在学生传统美德教育中有着不可替代的作用。充分发挥社区的综合依托优势,协调各方面关系,充分整合、利用社区内的各种资源,为我校传统美德教育提供阵地资源、智力资源和经费。帮助社区人士确立组织社区内学生开展传统美德的责任意识,使他们一起组织学生开展健康向上的文体活动、青少年社区文明行动、青少年志愿者行动,陶冶学生的情操,引导学生树立正确的价值观。

此外,传统美德教育是一项系统工程,良好社会氛围的形成有赖于社会各界的共同努力。学校积极加大对影响中小学生思想道德的不利因素的打击力度,净化学生成长的社会环境。

4. 在教育目标上,体现一致性

学校、家庭、社会在传统美德教育方面既要发挥各自的优势,各司其职，又要强调三者教育目标的一致性，真正做到互为补充，互相配合，形成合力。不可否认，针对学生成长的社会化倾向，只有在对社会商品教育和家庭实惠教育进行"扬弃"的基础上，改革学校的传统美德教育，才能取得教育目标的一致性。在家庭的实惠教育中，我们引导家长要强调公平交易、礼貌待客、勤劳节俭、讲究信誉等内容，这是时代赋予的崭新的家教内容。社会商品教育要强调商品的社会属性，引导学生了解劳动创造社会财富的内涵、交换产品即交换劳动的道理，明确市场经济的属性和商品交换应遵循的基本道德和法律，使学生在社会经济激烈变革中，稳妥地完成思想转型。社会主义市场经济为发展自身提出了人才价值观和人才伦理观的标准，其中，人才伦理观又是前提条件。为造就各级各类、适应社会主义市场经济发展的人才，学校的传统美德教育要建立在社会需求和学生个性发展之上，这也是学校、家庭、社会教育目标一致性的任务之所在。

5. 在教育方法上，体现多样性

一是坚持以正面教育为主要教育手段。正面教育是传统美德教育的基础和前提，通过科学、系统、持续地对学生进行传统美德"灌输"，教育内容从无到有，逐步印记在学生头脑中。（此处的"灌输"是一种教育意识，并非"填鸭式"的空洞说教。）其重点是解决了学生对教育内容的认知问题。

二是坚持实践育人的手段。通过组织学生投身青少年志愿者活动、参观、访谈、社会实践等亲身参与的活动，引导学生认知社会、了解社会，进而融入社会，增强学生理性思辨能力，在学校、家庭、社会教育的矛盾纠结中，吸收其中合理的部分，剔除消极的部分。

三是将解决学生的思想问题与解决实际问题相结合，多为学生办实事，加大对未成年人的权益保护和弱势群体的关注力度，解决他们的实际困难，使学生感受到别人带来的温暖，进一步增强学生对社会的热爱之情。

四是运用心理学、社会学等相关学科知识，解决学生思想深处的道德问题，从而达到"解惑"的目的。

五是运用影视、漫画等文化形式来增强教育工作的艺术性和吸引力。要把传统美德教育内容通过为学生喜闻乐见的生动活泼的艺术形式体现出来，寓教于乐，从而取得事半功倍的效果。

六是重视运用网络等现代信息手段开展传统美德教育，增强教育手段的时代感，提高工作效率。

6. 在教育队伍上，体现示范性

一是建立了一支高素质的教师队伍。我们的教师具备扎实的文化功底，树立了终身学习的观念，努力汲取不断涌现的新知识，始终保持和学生之间有"共同语言"。

二是教师具备学生思想道德教育方面的专业知识，了解学生的身心发展特点，会运用心理学等多种手段做学生的思想工作。此外，中华民族传统美德教育属于德育的范畴，它不同于简单的知识传授，教师的榜样示范作用非常重要。因此，我们的教师还具备高尚的道德素质和独特的人格魅力，身体力行地带头实践传统美德，以身立教，以自己的人格魅力影响和带动学生树立以传统美德为美的审美情趣。学校组织教师认真学习党的重要思想，努力提高自己的理论水平和思想政治觉悟，不断增强作为传统美德教育工作者的事业心和责任心，带头学习传统美德和各种现代科学文化知识，进一步提高自己的工作水平，不断丰富自身的文化底蕴和人格魅力，以"示范群体"的良好形象推动学生传统美德教育工作的深入开展。

7. 在教育机制上，体现导向性

我们建立了社会保障激励机制。良好的社会风尚的形成，除了借助教育手段外，还有赖于机制的保障。我们对那些助人为乐、见义勇为、拾金不昧等发扬传统美德的学生要予以及时、隆重的表彰和奖励；对于有困难的学生要进行帮助。另外，要加大对社会公德表现突出的先进个人和班级的表扬力度。此外，要对那些缺乏社会公德的学生加大教育力度，完善相关的校纪校规，促进激励先进、约束不道德行为机制的建立，通过正反两方面的对比宣传，促进学生遵守社会公德的自觉性，促进形成自我认识、自我省察的优良习惯。

（三）培养学生正确的价值观的关键点——深化改革课堂教学，建立新教学价值观

我们学校教学价值观转变的核心理念是：教师的课堂教学的价值观从单一地传递教科书上呈现的现成知识，转为培养能在当代社会中实现主动、健康发展的一代新人。我们都知道，学科、书本知识在课堂教学中是"育人"的资源与手段，服务于"育人"这一根本目的。在教学中，"教书"与"育人"不是两件事，是一件事的不同方面。教师实际上通过"教书"实现"育人"。教师为教好书需要先明白要育什么样的人。

教师认同了新教学价值观后，我们就要求全体教师把这一观念落实到教学行为上去。因为它关系每个教师如何认识自己任教的本学科的具体价值，只有认识上明确了，才可能从教学的设计活动做起，把对教学价值观的认识落实到具体教学行为的策划上，为教学实践的开展提供一个与价值取向符合的"蓝图"，否则一般层次的新教学价值观依然会只是一些停留在口头上的空话。

我们通过学科教学改革方案的研究，个案设计、实践与评析，以及对学科教学设计的研究等途径，实现使教师将认同的教学共通价值观向学科教学价值观的转换与渗透。

1. 拓展学科丰富的育人价值

长期以来，学科的育人价值被局限在掌握知识上。在现实中，因应试教育强大的压力造成的价值导向，使学科教学更趋于死记硬背、强化练习以达到牢固记忆、熟练应答、考试成功的目标。就传统的学科教学大纲和教科书的呈现方式来看，主要突出的是学科领域内已经形成了的基础性知识，它以客观真理的面目出现在学生面前，要求学生理解、掌握和运用。学科的这一呈现方式其主要后果是造成了学科育人价值的贫乏化。

首先，它割断了两个联系：一是抽象的书本知识与人的生活世界丰富、复杂的联系；二是抽象的书本知识与人发现问题、解决问题、形成知识过程丰富、复杂的联系。学生和教师在教学中遭遇的知识是固化的真理，是缺乏"人气"的知识，是一堆"死"的符号型的结论。它们作为组成学科教学基本内容的"原始资料"，有着育人资源的原始的贫乏。

其次，更值得引起深思的是，中小学传统学科教学内容的选择，是以相应的科学学科为基准的；从中小学学科教学最终想达成的目标来看，也是让学生掌握学科的基础（包括知识、技能及方法），为进一步的学习或将来专业化的学习做好准备。尽管在教学内容的编排和教科书编写上也强调要注意学生的认识水平、特点和接受能力，不能完全按学科的逻辑来编制，但其目的还是为了使学生能更容易、更好地学习学科知识。总之，学科本身是学科教学关注的轴心。因此造成了一种严重的缺乏——对不同年龄中小学生成长需要的关注的缺乏。一方面表现为大多数学习科目的内容与学生今日的成长缺乏内在联系，课堂教学内容成了与学生日常生活隔绝的一个专门的领域，它似乎属于另一个世界。另一方面，学生在成长过程中经常会出现的困惑、好奇、期望、兴趣以及许多潜在的能力等，在学科设置上得不到良好体现。

我们把课程改革的切入点放在对现有学科育人价值的开发上，使校本课程真正成为我们学校普通的需要和行动，以关注学生的发展、成长需要为核心的富有生命色彩的课程定会得以创生。

展现学科的育人价值，我们要求教师在做教学设计时，首先要认真地分析本学科对于学生而言独特的发展价值，而不是首先把握这节课教学的知识重点与难点。我们并不认为学科知识对学生的发展没有价值、可以无视；相反，它是教学中必须让学生最终掌握的基础性内容。但教学对学生的价值不应停留在此，更不能把学生当作是为学习这些知识而存在的，教师是为教这些知识而存在的。教学为学生的多方面发展主动服务，这是最基本的立足点。因此，学科的独特育人价值要从学生的发展需要出发，分析不同学科能起的独特作用。具体地讲，每个学科对学生的发展价值，除了一个领域的知识以外，从更深的层次看，至少还可以为学生认识、阐述、感受、体悟、改变这个自己生活在其中并与其不断互动着的、丰富多彩的世界（包括自然、社会、人、生活、职业、家庭、自我、他人、群体、实践、交往、反思、学习、探究、创造等等），形成、实现自己的意愿，提供不同的路线和独特的视角，以及发现的方法和思维的策略，特有的运算符号和逻辑；提供一种唯有在这个学科的学习中才可能获得的经历和体验；提升独特的学科美的发现、欣赏和表达能力。唯有如此，学生精神世界的发展才能从不同的学科教学中获得多方面的滋养，在发展对外部世界的感受、体验、认识、欣赏、改变、创造能力的同时，不断丰富和完善自己的生命世界，体验丰富的学习人生，满足生命的成长需要。

2. 按育人价值实现的需要，重组教学内容

对于学科育人资源的开发，我们还要求教师教学设计时对现有教学内容做两方面的重组与加工：

第一，把学科的书本知识按其内在的逻辑组成由简单到复杂的结构链，以结构为大单元进行教学内容的组织，使贯穿教学的认知主线是结构的逐步复杂化。在教学与一个知识结构相关的内容时，再将其分成两个教学阶段，第一阶段是教学以知识为载体的某一结构的阶段，第二阶段是学生运用这一结构，学习和拓展与结构类似的相关知识的阶段。这一组织教学内容的设计我们称其为"长程两段设计"，其目的在于使学生在教学过程中主动地投入学习，形成主动学习的心态与能力。要让学生掌握学习的主动权，最有效率的办法是掌握和运用知识结构。结构需要具有较知识点要强得多的组织和迁移能力，我们期望达到的目标不仅是学生对与结构相关的知识的牢固掌握和熟练运用，直至内化，更为重要的是使学生具有发现、形成结构的方法及掌握和灵活使用结构的能力。每个学科都有自己的结构群，不同学科结构群的学习、内化，有助于学生在头脑中形成诸多有差异又能相通的综合的类结构群和结构思维的方法，这对于学生在陌生复杂的环境中能用综合的眼光去发现问题、认识问题和解决问题具有奠定基础性作用，是身处复杂多变时代的人生存、发展所需要的一种基础性学习能力，也是学生的学习能力可自我增生的重要基础。

第二，将结构化后的以符号为主要载体的书本知识重新"激活"，实现与三方面的沟通：书本知识与人类生活世界沟通，与学生经验世界、成长需要沟通，与发现、发展知识的人和历史沟通。用通俗的话来说，就是使知识恢复到鲜活的状态，重新与人的生命、生活息息相关，使它呈现生命活力。具有内在生命态的知识，最能激活、唤起学生学习的内在需要、兴趣、信心，提升他们主动探求的欲望及能力。教师在寻找这三方面联系的同时，也拓展了自己的认识领域，并把注意力从研究教学内容转向研究学生的潜在状态、生活经验和发展的需要，这是实现由"教书"为本转换到通过教书来"育人"的十分关键的一步。

当教师在完成了对上述两方面教学内容的加工以后，就能对学期的学科教学时间做整体性安排。部分教师在教学时间的分配上要求打破"匀速运动"式按章、按节的分配方案，主张按"长程两段"设计的要求，将每一结构单元的学习分为教学"结构"阶段和运用"结构"阶段。在教学"结构"阶段主要用发现的方式，让学生从现实的问题出发，逐渐找出知识结构和发现结构的步骤与方法；通过总结，形成知识、方法、步骤综合的"类结构"模式。这一部分的教学进度可适度放慢，让大多数的学生能充分体验发现和构建"类结构"的过程，让"类结构"以一种通过教学过程中学生与教师的互动逐渐形成的方式，成为学生自己的"类结构"。在此基础上，"结构的教学阶段"就能以加速的方式进行。根据改革实验中实际进行的结果看，在总体上，教学进度不仅不会因第一阶段速度的放慢而落下。我们把因结构重组和学生学习能力提高而带来的剩余教学时间，用来举行"学科活动"及相关学科结合起来的"学科综合活动"。这些活动为学生提供了更为广阔、丰富、生动和个性化的主动发展的可能空间与舞台。

3. 综合设计弹性化的教学方案

以促进学生主动、健康发展价值观为指导的学科教师，在教学设计方面要完成的最后一个综合，就是将每节课具体要教学的内容与教学过程的事先策划结合起来，构成"弹性化的教学方案"。我校教师在教学过程中强调课的动态生成，但并不主张教师在课堂上信马由缰式地展开教学，而是要求有教学方案的设计，并在教学方案设计中就为学生的主动参与留出时间与空间，为教学过程的动态生成创设条件。在教学方案中，要设定教学目标，但目标不局限于认识，它还涉及学生在这节课中可能达到的其他目标。目标的设定要建立在对教学内容和学生状态分析、对可能的期望发展分析的基础上。目标有"弹性区间"，这既是为了顾及学生之间的差异性，也考虑到期望目标与实际结果之间可能出现的差异，教学过程的设计重在由何开始、如何推进、如何转折等全程关联式策划。至于终点，何时戛然而止，并不是绝对的，重要的是水到渠成，不是硬性规定步子大小让全班齐步行进。过程的设计也要有"弹性区间"，可以通过不同的作业、练习、活动来体现。过程设计还要策划教学行进中的教师活动、相应的学生活动，组织活动的形式与方法，活动效果的预测和期望效果的假设，师生间的互动方式等一系列方面，最后形成综合的、富有弹性的教学方案。

这一新的设计要求，较之设计出精细的提问、预定标准答案、写下教师上课要讲的每一句话、准确计算好一节课不同环节的时间分配等典型传统教学方案的风格来说，似乎线条要粗得多，留下了太多的不确定性、可变换的弹性目标、空间和时间。然而正是这些不确定性和可变因素的引入，使课堂教学更贴近每个学生的实际状态，让学生思绪飞扬、兴趣盎然，使师生积极互动，迸发创造的火花，涌现新的问题和答案。

我校学科教学价值观的教育正是通过对统一制定的确定性教学内容深度开发、重新组合和多向激活，正是通过把弹性和不确定性因素引入教学过程的设计，使教学设计为师生课堂教学的实践留出了主动参与、积极互动、创造生成的可能；使教学为学生的主动、健康发展服务的价值观，落实转化为教师对自己教学行为的预先策划，并为这一价值观最终渗入和体现为教学实践，提供了"实战前""作战方案"式的支撑。

（四）培养学生正确价值观的交汇点——使教师的价值取向与学生的价值取向相互促进

1. 加强教师价值取向教育，提高教师的思想品德素质

教师既是教育者，又是受教育者。教育者必先受教育，学校的价值观教育也是如此，即"正人者必先正己"。学校应通过多种渠道与方式培训、教育教师，增强教师自觉进行价值观教育的意识，使教师队伍在价值取向上达到较高层次，以担负起引导学生树立社会主义集体主义人生价值观的任务。具体操作如下：

（1）每周可进行一次政治理论学习，学习的内容主要是《中小学教师职业道德规范》《中华人民共和国教师法》以及一些教育报刊上的教育时事新闻、党报党刊上的时政，使教师跟上现代教育的步伐，时刻端正教育思想，明确自己身上的责任。

（2）利用每周一进行的升旗仪式，有针对性地进行一次"国旗下的讲话"，使全体教师爱国热情常在。

（3）每年举行一次"听师德报告、学师德典型"的活动，组织好教师认真听、认真记、认真学，以师德典型的品格为榜样，以他们的敬业精神和集体主义荣誉感作为自己奋发向上的动力，以他们的显著成绩作为自己奋斗的目标。

上述活动，可使教师树立坚定的政治信念、无私的奉献精神、严肃认真的工作态度、朴实的生活作风等正确的价值取向。

2. 发挥教师的主体、示范、榜样作用，使学生形成正确的价值观

教师是学校的主体，担负着教书育人、传道授业解惑的职责。在教育活动中，教师主要是以主体的思想、学识和品德行为，通过示范的方式直接影响学生。教师本人是学校里最重要的师表，是最直观、最有教益的模范，是学生活生生的榜样。在教育过程中我们具体采取以下步骤与措施：

（1）通过课堂教学渗透、开设专题讲座等形式，向学生系统地讲解价值观的理论知识、介绍一些先进人物的事迹，使学生对价值观有正确的认识和了解。这是"知"的阶段。

（2）通过教师自身平时的一言一行，通过良好的班集体建设，引导学生对价值观念和价值行为产生体验，激发情感，使学生对正确的价值观产生爱好和兴趣，对不正确的价值观产生鄙视和憎恶。这是"情"的阶段。

（3）向学生提供实践机会，把社会中现实价值观的表现形态呈现给学生，让学生做出分析、判断、选择，从而强化正确的价值观。这是"行"的阶段。这一阶段可在每学期期初和期末各进行一次问卷调查，了解学生对价值取向的思考及对教师行为的评价，进行分析和思考，并有针对性地加强教育。

总之，有远大理想的教师，才能培养出有远大理想的学生；有严谨工作态度的教师，才能培养出有严谨治世态度的学生。有强烈情感的学生，往往是在有同样情感的教师的培养下形成的；有坚强意志和独立性格的学生，也往往是由具有同样意志和性格的教师培养出来。

3. 加大教师参与学生活动的力度，促进教师价值取向的积极转变

从教育心理有关理论来看，教育过程是一个师生互动的过程，教师要多与学生进行正面接触，多参与学生组织的各种活动，如主题班会、辩论赛、文艺表演、体育项目比赛等，了解他们的心声，了解他们的心理活动，了解他们的思想，从中受到有益的启发，变自己消极的价值取向为积极的价值取向。

（五）培养学生正确的价值观的发力点——加强对学生心理健康的教育和研究

1. 转变自我实现方式

所谓自我实现是指一个人为自己设定满足自己需要、发挥自身才干和潜能、实现自我价值和社会价值的价值目标，并通过实践实现这一目标的动态发展过程。人的自我实现本质上是人们把社会要求个人不断发展以适应社会实践需要的外部动力，转化为主体内部动力并形成相应的个人发展价值目标，然后自觉实现这一目标，满足自己不断增长的生活和成长需要的过程。我们学校从以下方面入手，引导学生建立一种合理的、科学的自我实现途径。

（1）树立鲜明的主体意识以及平等和自由交往的意识，以社会的客观需要为根据，重新认识自我、发展自我、创造自我，使自我实现逐渐走向成熟。在此过程中着力培养正确的价值观，使自己能够独立自主、平等协作地追求价值，完成价值，最终实现自我。

（2）建立正确的、科学的价值取向。努力掌握知识，提高综合素质，尤其是提高分析问题、解决问题的能力以及创新能力。找准自我发展的主要价值尺度和实现途径。只有这样，才能够变被动为主动，把自己的发展道路和发展途径牢牢控制在自己手中，从而更好地实现自我价值。

（3）学生应该把创造价值而不是拥有财富作为自我实现的评价标准。在知识经济时代和经济全球化的条件下，一个人真正的财富不是金钱和财产，而是知识和能力。商海沉浮，股市起落，社会需求日新月异，只有知识和能力不会贬值，拥有知识和能力，才拥有财富。我们教育学生将培养正确的价值观、塑造高尚的人格、形成服务社会的能力作为衡量自我价值的标准。

总之，科学的、健康的自我实现的价值观能够引导学生成为一代高素质、高品质、具有创新精神和奉献精神的新型人才。

2. 健全个人人格体系

当代学生面临的价值观困惑当中有很大一部分是个体人格不健全引起的。当今中国，追求个性已经成为一种时尚。一方面，人们要展示自己的个性。另一方面，社会、群体也有他自身的要求，包括对个人人格的要求。个体人格如果与社会人格要求不相符时，就会受到排斥甚至谴责。如何解决这对矛盾，如何引导学生在健全人格下形成科学的价值观？我们学校借鉴了著名的心理学家邵道生提出的健全人格的五个发展原则。

（1）发展健全人格的"价值性原则"

人格的价值是指凝结在人格中的功效和作用，一个人活在世界上的意义，在很大程度上是由一个人的人格价值来决定的。过去，我们对人格价值的定位过低，更强调社会的价值，为此，我们的社会付出了相当大的代价；而现在我们又把人格的价值定位于另一个极端，使个人主义严重泛滥，出现了以个人为中心的价值观膨胀现象。因此，必须将社会的价值和个人的价值很好地结合起来，在实现社会价值的同时，充分发展自己的人格力量，充分发挥自己的聪明才智和潜能。这样，既满足了社会，又张扬了个性，个人与社会的发展并行不悖，相得益彰。

（2）发展健康人格的"道德性原则"

人格就是要将人置身于一定的"格"之中，置于一定的规范之中，这就是人格的道德内涵。所以青少年的道德问题也就成为青少年之所以有价值观困惑的一个很重要的因素。从本质上讲，青少年道德滑坡是道德规范意识的弱化，道德认知的不足，道德习惯的缺陷，道德认识与道德实践的脱节造成的。所以加强青少年人格发展中的道德性是引导科学价值观形成的重要因素，每一个青少年都要认真对待，不能等闲视之。

（3）发展健康人格的"主动性原则"

当代青年之所以会出现自我价值取向的弱化，无理想、无兴趣、无效用，消极地适应社会，都是把握不住"主动"的结果。当人失去主动性时，人的行动就会失去方向，不知从何努力，不知从何奋斗，不知从何创造未来。取而代之的是觉得自己的生活乏味、无聊。所以，作为承担新世纪建设重任的青少年，一定要注意个人发展中的主动性、进取性和创造性，只有如此，才会朝气勃勃，未来才会光明无限。

（4）发展健康人格的"和谐性原则"

在不良价值倾向的指引下，会出现利己主义等不良心理特征，在行动中就会产生两种后果：一是外部环境的不和谐，与他人、群体、社会的关系不和谐、紧张化。彼此之间将不会有温暖，缺乏同情心和关怀心，取而代之的是无休止的矛盾、冲突、斗争。另一方面，个体内部环境的不和谐会使道德与行为失调、思想与行动脱节，这就会导致发展缺陷。因此，一定要注意个体人格的和谐发展。

（5）发展健全人格的"美的原则"

青少年只有坚持发展人格的"美的原则"，才会在自身的行动中树立美的标准，从而使自己克服行动中粗俗的、低级的行为。

3. 树立社会价值观和人类价值观

在促使学生转变自我实现方式和健全人格的基础上，我们还要引导学生建立科学的价值观。但是，学生是社会的学生，也是人类的学生，学生的成长与社会的进步、人类的发展息息相关。因此，学生的价值观培养也要兼顾社会和人类发展的要求。要增强学生的全球意识，让学生突破狭隘视野，用世界的眼光来看问题。21世纪的学生必须有更鲜明的"全球""人类"的眼光，必须更善于把握全人类文明发展的走向。这样，才能既发展自我，又能对全球、人类的事业发挥更大的作用。在增强全球意识、人类意识的同时，也要更新和加强民族国家意识、祖国意识和人民意识；在注重培养科学精神的同时也要注重培养人文精神，用先进的文化来武装自己，树立科学的社会价值观和人类价值观，使自己成为符合祖国、人类需要的综合性人才。

（六）培养学生正确价值观的突破点——运用发展性评价，改革评价体系

1. 新《课程标准》呼唤发展性评价

新《课程标准》注重学生综合素质的评价，它既关注学生的学业成绩，也关注学生的创新精神和实践能力，更关注学生积极的情绪情感体验和心理素质的培养。新《课程标准》注重对学生个体发展独特性的认可和评价，帮助学生悦纳自己、拥有自信。同时，新《课程标准》更关注对学生成长发展过程的评价，强调终结性评价与发展性评价相结合，重在促进学生的转变与发展。

所以，要正确处理评价学生知识与能力、过程与结果、情感态度与价值观培养的关系。在评价时必须以"人"为本，用发展的眼光进行主体多元化评价，促使学生个体和谐发展。教育部《关于积极推进中小学考试与评价制度改革的通知》明确指出，考试与评价的目的是更好地促使学生发展，改变评价过分强调甄别与选拔的功能。突出评价的发展性是这次考试与评价制度改革的方向与目的。

所谓发展性评价是指对学生个体评价时既要考虑学生的过去，又要重视学生的现在；既要重视学生的学习结果，又要重视学生的发展过程；既要重视对学生知识能力的评价，又要重视对学生情感态度与价值观的培养。这是一种动态的具有人本价值的全新评价方式。过程性与发展性是其特征，"一切为了学生"是其根本目的。

2. 发展性评价需要以生为本

学生是学习的主人，是教育的主体。人本主义的教育理论强调以儿童为中心，促使儿童自主学习与自主发展。学生的成长是一个过程，促使学生健康成长、持续发展同样也是一个过程。对学生进行评价只是教育学生过程中的一个环节。面向全体学生，着眼于学生的全面发展是素质教育的根本要求。要落实素质教育，教师的教育观念和教育行为方式就要围绕新《课程标准》做出相应的调整和改变。当然学生潜能的发挥，学生能否成为自主积极学习的主体也很重要。因为"学生不仅是教育的对象，更是教育的重要资源，是动力之源、能量之源"。以生为本的发展性评价就是在评价时以学生的发展为本，以调动学生的积极性为本，在师生民主、合作、互动的评价关系中，着力弘扬学生的主体性，使学生的自我意识和自我调控能力、学习意识与自主学习能力、群体意识与交往合作能力、生活意识与独立生活能力、创新意识与实际操作能力和谐发展。在这种评价中沟通、对话和交流，充分体现了教师对学生个体的尊重，这种具体的评价会使评价由表及里，也容易被学生接受，而"让被评价者最大限度地接受评价结果，就是评价的最大收益"。

在对学生进行全面发展性评价的过程中，应该做到一切为了学生，高度尊重学生，应该把学生当作一个具有独立人格的个体来尊重、交流，并与之对话。在对学生进行发展性评价时，在对学生进行发展性评价的过程中，建立一种新型民主师生关系，创设宽松、和谐的评价氛围，让学生主动参与到评价中来。在平等的师生关系中，在和谐的评价气氛中，让评价转化为学生对自己的反思与调整。

在对学生进行评价时，教师不再仅仅当判官，而是要成为学生评价的指导者、激励者、服务者。学生应是评价的主人，而不是评价的奴隶。

以生为本的发展性评价尊重学生的个体差异。由于遗传、教育环境等诸多因素的影响，学生的个体差异不仅仅体现在考试成绩的不同，还包括生理特点、心理特征、兴趣爱好等各方面的不同。以生为本的发展性评价就应该根据学生这些个体差异，正确地评价每个学生不同的特点和发展潜力，为每个学生指出适当的发展方向。

3. 发展性评价应提倡主体多元化

评价主体是指那些参与教育评价活动的组织与实施，按照一定的标准对评价的客体进行价值判断的个人或团体。发展性评价应改变"教师—学生"的单向、单元的评价状态，鼓励学生、家长、教师乃至社会成员都参与到评价中来，将对学生的评价变为多主体共同参与的行动，即评价主体多元化。

在评价主体多元化的评价过程中，"评价者的行列中增加了被评价者，评价的客体开始作为评价主体参与到评价过程中的各项决策过程中"。因此，主体多元化评价"消除了评价过程中的各种障碍。被评价者的身份转变也有利于培养他们的从属感和责任感……也发挥了整个单位的群体力量，营造民主、和谐的评价氛围"。

多主体评价对学生的发展是有利的。学生评价角色的转变，能培养学生的反思习惯，有助于培养学生的独立性、自主性和自我发展、自我成长能力。学生对他人进行评价，也是一个学习交流的机会，能使学生更清楚地认识到自己的优势和不足，有助于学生全面认识自己。多主体评价还有利于家长形成正确的家教观。家长在评价子女的过程中，会花大量时间与子女沟通交流。这种交流有利于家长发现孩子的优缺点，也有利于家长反思自己的家教方式。多主体评价也有利于形成"学校—学生—家庭—社区"的多维教育网，巩固教育成果，形成教育合力。

4. 建立对学生进行发展性评价的"三个四"评价模式

（1）更新观念，树立"以生为本，多元评价"的发展性评价观

长期以来，考试作为评价的唯一手段，一直影响着部分教师的评价行为，正所谓"分、分、分，学生的命根；考、考、考，老师的法宝"。这种内

容僵化、手段单一的评价方法，使教师成了对学生评价的法官，学生则成了这种评价的奴隶。因此，我们的首要任务是让教师、家长成为学生进步的指导者、激励者、服务者，将学生从被动的应试中解放出来，鼓励学生积极按《番禺区中小学生综合个体素质评价细则》进行自我检测评价，培养学生的参与意识和竞争意识。让考试不再是成败的宣判书，而是激励学生不断进取的起跑线；让每次评价不再是把学生分成三六九等的手段，而是成为教师、家长发现"瓦特"、发现"爱迪生"、发现每个学生心灵富矿的途径。

（2）实行"四变""四结合""四评"的发展性评价模式

革除以往评价的弊端——评价手段、途径单一，以偏概全，忽视评价的人本性和过程性，无法体现评价的教育功能和激励发展功能。因此在对学生进行发展性评价时，要扩充评价内容，坚持"四变"。这"四变"就是：变只重视学科成绩为进行德智体美全面考核；变只考核理论知识为手脑并举，综合考核；变只考书本知识为课内外知识、动手技能、心理品质、个性特征的多种考核；变"流水线"式评价为基础+特长的个性化考核。

只有改变了评价手段的单一，坚持评价的多样化和发展性，才能有利于学生学习积极性的调动，才能有利于学生的全面发展，有利于学生个性的培养。因此对学生的评价可以是常规的考试，也可以是特长表演，同时还可以是作品展示、论文撰写、小制作、小发明等。在评价的过程中，要坚持"四结合"——定量评价与定性评价相结合，终结性评价与发展性评价相结合，智力因素评价与非智力因素评价相结合，鼓励性评价与描写评价相结合，力求多角度、全方位地评价学生，使各种层次的学生都得到发展，使各类学生的个性都得到张扬。

在评价过程中，应充分发挥多元主体评价的优势，做到"自评、同学评、教师评、家长评（社区评）"四方面评价相结合，通过"自我的评价、教师的话、同学的建议、家长的留言"四个途径进行综合而全面的多元评价。

（3）设立"成长历程"档案袋，记录成长历程

每个学生在自己、同伴、教师、家长的共同参与下，自己设计一个"成长历程"档案袋，记录同学、家长、教师和自己平时在爱国爱校、文明礼貌、劳动习惯、知识技能、学习习惯、卫生习惯、情感意志、兴趣爱好等方面受到的评价。总结评价时，根据"成长历程"档案袋记载，先自评，再同学评，然后把自评和同伴评价的意见带回家让家长参与评价。家长侧重评价学生在家、

在校外的表现。最后班主任组织全班学生在学生自评、同伴评、家长评的基础上，对学生进行总评。所有的平时评价和总评都装入学生的"成长历程"档案袋，让每个学生对自己的成长历程有个清晰的认识，并在这种认识的基础上进行反思，找出自己的优点和不足。

（4）尝试"无纸化"评价

"评价不是为了排队，而是为了学生的发展。"所以我们对学生进行评价时不应该给学生造成巨大的分数压力，应该坚持"以人为本，主体多元"的发展性评价方式。同时应该充分利用现代网络技术，鼓励教师在校园网上命题、改题、评价，让学生在网上做作业、交流、探讨，鼓励家长通过网络与教师沟通。这样逐步在校园网上建立起"学生综合素质评价系统"，实现"无纸化"评价。

5. 学校建立发展性评价的突破口——改革作文评价方式

《语文课程标准（实验稿）》指出："语文课程评价的目的不仅是为了考查学生达到学习目标的程度，更是为了检验和改进学生的语文学习和教师的教学，改善课程设计，完善教学过程，从而有效地促进学生的发展。"

作文评改是作文教学中的一个重要环节，是作文指导的继续。古人说，"文章不厌百回改""善作不如善改"，不难看出，作文修改的重要性和必要性。《语文新课标》指出："文章修改要自觉，学会自改和互改。"但从目前学生作文批改的情况来看，仍遵循着教师全批全改、精批细改的传统方式。只有教师的单项活动，忽视了作文评改的多元化（多边性）。学生一写完作文就"万事大吉"，接下去批改、讲评全是教师在"唱独角戏"。学生关注的只是分数，对千篇一律的"内容具体""重点突出""条理清楚""文不对题""详略不当"之类的空洞评语不屑一顾，更不用说自觉主动地进行修改或再创作了。这种"学生写、教师改"的传统作文教学模式，教师包办代替、学生袖手旁观的两个极端现象，忽视了学生的主体地位，致使学生未能参与评改过程，难以体验到评改成功的喜悦，学生逐渐淡化了修改的观念，评改能力与习惯均无法形成。

革除这种弊端，必须打破作文批改的传统模式，采取多种形式、多样方法，讲求实效，充分发挥学生作文评改的诊断、反馈功能，调动学生主动参与，在批改过程中发展作文能力。

（1）评价主体多元化

① 自评自改

叶圣陶先生说过："我当过教师，改过学生的作文不计其数，得到深切的体会：徒劳无功……假如着重培养自己的能力，教师只引导和指导，该怎么改，让学生自己去决定，这是终身受用的。"叶老这几句话指出了作文评改的方向——自评自改是学生提高作文能力的有效途径，也是作文训练的目的。

自评自改，并不是放任自流，要突出教师的主导作用，教给学生自我评价的标准，明确"改什么"。第一，检查文章的内容是否切题；第二，检查段落层次是否清楚明白；第三，检查句子是否通顺连贯；第四，检查字、词的运用是否准确、恰当；第五，检查标点符号是否用得正确。明确"怎么改"。是增（增添内容），是删（删减材料和文字），是调（调整顺序），还是改（改换词句与标点）。逐步引导学生在实践中获取经验，教师也要从扶到放，逐步提高要求。只有教师常抓不懈，学生常练不懈，学生作文自评自改的能力才能逐渐提高。

② 互评互改

在作文训练中，教师要有目的、有计划地组织学生开展互教、互帮、互评、互改活动。允许学生根据自己的意愿找好朋友，自由组合。

主要采用讨论的方法进行互帮互学，互相修改。具体可以采用以下方法：首先，习作草稿出来后，自己读给自己听，边读边修改明显的错别字、重复的句子，对于不通顺的句子，多读几遍就能发现并纠正过来；其次，进行集体讨论，将教师评讲、学生评议的过程变为作文能力渐进的过程；再次，学生互相修改，探讨彼此的习作特点，并推敲彼此的遣词造句，帮助对方增删内容，并讲出自己的见解；最后在以上评议的基础上对习作进行润色加工，完成自己的作文。学生在这种评议中畅所欲言、愉快交流、互相启发、互相帮助，进一步提高语言表达能力。

③ 小组评改

维果斯基说过："儿童今天在合作中会做的事，到了明天就会独立做出来。"让学生合作学习，有利于培养主动学习过程的合作性，以弥补独立学习的不足，增进学生之间的情感沟通与智力互补。在作文评改中适时采用小组讨论的形式，有利于帮助学生学会合作学习，养成合作学习的良好习惯。在评改中以四人小组为单位，组内的每一位同学都轮流把自己的作文读出来让大家评论，帮助自己修改。小组内的每个学生都要独立思考，在审题、立意、选材、表达和修改各个环节中自由地发表意见，展开争论，共同切磋。在评改过程中，他们是学生，也是先生；是作者，也是评论家；是评价者，也是被评者。修改完后，要鼓励学生大胆谈自己的收获，让每一个学生都"改"有所得。这种打破传统封闭式个体行为的作文评改，不仅使学生能看到别人作文的长处，也能激发和培养他们虚心向别人学习的精神。在大家的合作中，学生既改好了自己的作文，又提高了鉴赏能力，既培养了主动探索的精神，又提高了合作能力。

④ 集体评改

在评改练习中，教师还可以选择有典型性的一篇习作或习作重点段，复印给学生，人手一份，让全班同学讨论习作例段中存在的问题，并提出自己的评改意见。在讲座中，教师不要将自己的意志强加给学生，不要以"法官"的姿态出现，要把评改的权利还给学生，教师只充当一名激励者，不失时机地引导学生辨析，热情鼓励、积极诱导学生畅所欲言，大胆评议，充分调动学生评改的积极性，让学生活动起来，有所评、有所议，从而使学生得到锻炼，懂得为什么要这样修改，使学生的听说能力、写作能力在讨论中得到共同发展，使学生的主体地位得以体现，使学生的个性在讨论中得到充分展现。只有这样才能培养出有个性的、具有真知灼见的人才。

（2）评价语言多样化

传统的作文评价语言笼统空洞、缺乏针对性、缺乏人文性，对学生的优点轻描淡写，起不到激励作用，对缺点的指正过于模糊，学生看了不解其意，时间一长，学生就会怀疑自己的作文能力，以致厌烦、恐惧作文。这样不利于激发学生写作的兴趣，也不利于学生作文水平的提高。我们不妨尝试以下几种评价语言：

① 情感性评价

作文评语应是教师和学生心灵的交流，情感的交融。如果学生每次翻开作文本，看到的尽是诸如"内容具体""重点突出""文不对题""作文没进步"等冷冰冰的评语，试想一下，学生辛辛苦苦、用心写就的文章，换取的只是教师这样严肃的、毫无感情的评价，他们还有兴趣提笔习作吗？学生的写作欲望也将在这些冷漠的评价中日渐衰退，直到丧失殆尽。因此，写评语时语言要亲切、诚恳，而且适宜用第二人称写，让学生阅读了老师深情的评语后，能感受到教师是在用心关注他、用情欣赏他、用爱发现他。如我为一篇《我错了》的文章写了这样一段评语："多么勇敢的孩子啊！老师为有你这样诚实的学生而感到骄傲！如果你把承认错误前心里是怎么想的写下来，你的文章一定会更感人。"读了这评语，学生能不受感动吗？同时，知错就改的行为也在教师简短的评语中得到进一步激励，而文章的不足也被教师委婉地道出，修改作文的方向也明确了。

② 激励性评价

激励性评价应是作文评价中最常用的语言。教师要善于用一双慧眼发现学生作文中的闪光点，哪怕是一个精彩的片段，一个形象的语句，一个生动的词语，甚至一个准确的标点，都可以成为教师表扬的对象。"随着你的娓娓叙述，老师仿佛也看到了明媚的太阳底下千万朵竞相开放的向日葵……"（《游百万葵园》评语）"看得出来，你是认真阅读《三国演义》了，能准确引用诸葛亮足智多谋的事例，增强了文章的说服力。如果诸葛先生泉下有知，肯定摇着羽扇，大夸'后辈勤学，好学，会学也！'"（《给诸葛先生的一封信》评语）"好一个'玩具'！既表现了弟弟的聪明调皮，也写出自己'一计不成、反遭其害'的无奈心情。"（《爷爷家的"小皇帝"》评语）。类似这样的评语，教师应毫不吝啬地赠给学生，使每一位学生都能亲身体验到写作带来的成功和喜悦，让他们始终保持着积极的心态、饱满的热情和强烈的表达欲望。学生在教师赞赏的目光下、激励的言辞中，思维空间更为广阔、个性特点得以张扬，写作水平也不知不觉进步了。

③ 启发性评价

启发性的评语，旨在引导学生独立思考、积极探索，从而发现自己作文中的问题，提高分析问题和解决问题的能力。如一个学生在《我学会了游泳》一文中没能把自己学游泳的过程写具体，只写道："爸爸教了我一个方法，我便按爸爸教的方法游，终于成功了。"我就在这段话旁写下了评语："怪不得你现在游泳本领那么厉害，你爸爸真有一手！我也希望学一学，可仔细地阅读了你的文章后，老师也没能找到你爸爸的绝招，让人有点遗憾。"教师不要直接点破学生作文的不足，而应通过启发性的语言，引起学生的思考，让学生认识文章中的不足。果真，这个同学看了批语后，得到启发，马上修改，把爸爸教游泳的方法具体写了下来。

④ 导向性评价

小学生由于年龄小，认识水平不高，在作文里难免会出现错误的认识或偏颇的看法。遇到这种情况，教师评价学生作文时就要注意导向性，及时引导学生科学地分析问题，从而正确、客观地认识世界，形成健全的人格和健康的心理。如有一学生在《一件难忘的事》里写到他发现一个小孩正在偷东西，便上前制止，当了解到小孩无亲无故、流浪街头时，出于同情，小作者便未揭发此行为。我在他的文章后写下了这样的评语："你的文章心理活动描写细致，老师也能感受到你矛盾的心情。但偷窃这种行为值得宽恕、应该包容吗？你这样做岂不是助纣为虐，使小偷泥足深陷？"这评语引起学生对自己行为的思考，让学生辨清对错，形成正确的是非观。

⑤ 协商性评价

协商性评价是指在作文中教师用商量的口吻写评语，营造平等、民主、宽松的气氛，与学生共同探讨写作问题，一起研究解决办法，在师生思维碰撞过程中促发灵感、激活思维，以求达到教学相长。如一学生在《小狗失业了》的童话里写出了小狗失业后的无奈与困惑，极具现实意义。我在她的童话后写下了这样一段评语："关注社会，留心身边的人和事，是热爱生活的表现。你想想，小狗是不是只能生活在无奈与苦闷中呢？聪明的你，可不可以为小狗寻找生活的出路？"作文本一发下去，这同学就迫不及待地来和我讨论。经过师生之间的思想交流，没过两天，她竟然写下了以小狗失业为线索的三个小故事：小狗失业——报考警校——立功受赏。

⑥ 劝谕性评价

学生作文只是练习，文章出现或这或那的毛病是正常的。教师要正确看待，评价时切忌一针见血地批评指出，这样只会大大地挫伤学生写作的积极性，对写作产生畏惧心理。我们要把着眼点放在调动学生写作积极性上，提高他们的写作兴趣。对学生作文中的缺点错误，评价语言要委婉，但要指出问题所在，加强分析，指出改错的方法和今后努力的方向。有个学生写《冬天的早上》，其中有一节这样写道："太阳终于抵受不住刺骨的寒风，还没到傍晚五点，就悄悄地躲进山里了；而月亮却早早地露出如霜的小脸……"我写的评语是："你能灵活地运用拟人的修辞手法，让笔下的太阳像个怕冷的小孩子，月亮却成了娇俏的少女。但很可惜，那都是傍晚的景色。请抬头看一下你文章的题目。"这样婉转的评语，既保护了学生的自尊心，又指出了毛病的所在，学生易于接受，乐于改正。

叶圣陶先生指出："教师改文，业至辛勤，苟学生弗晓其故，即功夫同于虚掷。"所以，在作文评价中，教师只有坚持共性与个性共评、过程与结果并重、理性与人文性交融，学生的作文兴趣才能得到很好的激发和引导。学生习作的劳动成果受到充分的欣赏和肯定，其写作文的内驱力就会得到长久的维持和强化，作文潜能就会得到很好的挖掘和发展。学生也将在教师科学地、有针对性地指导下，热情的鼓励中，殷切的期待里，形成自己鲜明的个性色彩，全面提高作文素质。"文如其人"，学生的个性品质也将得到长足的发展，成为具有鲜明个性特征的人。

（七）培养学生正确价值观的兴奋点——在实施《体育课程标准》中培养学生正确的价值观

1. 深刻领会素质教育和《体育课程标准》的精神内涵

要在实施《体育课程标准》中培养学生正确的价值观，就必须深刻领会素质教育和《体育课程标准》的精神内涵——"健康体魄是青少年为祖国和人民服务的基本前提，是中华民族旺盛生命力的体现。学校教育要树立健康第一的指导思想，切实加强体育工作，使学生掌握基本的运动技能，养成坚持锻炼身体的良好习惯。确保学生体育课程和课外体育活动时间，不挤占体育活动时间和场所。举办多种多样的群体性体育活动，培养学生的竞争意识、合作精神和坚强毅力。"这就要求学校在抓好智育、德育的同时，也要加强体育，引导学生全面发展，健康成长。

《体育课程标准》体现了"健康第一"的人本思想。它打破了传统的按运动项目划分内容的做法，构建了身体发展、运动参与、运动技能、心理健康、社会适应五个学习领域，把培养学生的健康意识、终身锻炼意识、全民健身意识、与人交往合作意识作为重点，充分照顾学生的兴趣爱好，满足学生的需求，重视学生的主体地位，关注学生的个体差异，确保人人享受体育与健康的乐趣。这是《体育课程标准》体现素质教育精神的根本所在，也是通过实施《体育课程标准》培养学生正确价值观的理论根据。

2. 转变观念，端正认识

深刻领会素质教育和《体育课程标准》的精神内涵是实施《体育课程标准》中"培养学生正确的价值观"的前提，而转变观念、端正认识则是在实施《体育课程标准》中培养学生正确价值观的关键。转变教育观念是取得教育改革的重要保证。随着当今人们观念的转变和影响学生心理发展因素的多元化趋势的增强，学校领导和体育教师在对学生进行价值观教育时，要想有效促使学生形成正确的价值观，教师不但自身要有正确的观念，而且要能把握学生整体价值取向的主流，改变以往不正确的思想。

（1）树立"健康第一"观

以往的体育教育存在教学目标局限化、教学内容竞技化、教育过程机械化、组织教学军事化、教育评估单一化的问题，过分要求学生掌握体育基础知识、基本技术和基本技能，而忽略学生心理和社会适应能力的整体健康水平的提高，更没有将增进学生健康贯穿课程实施的全过程，因此，通过《体育课程标准》的实施，学校体育不再局限于学生体力的提高和运动技能的形成，而是将"健康第一"思想落到实处，使学生健康成长。

（2）树立课程意识观

改变课程过于注重知识传授的倾向，强调形成积极主动的态度，由阶段体育的意识向终身体育的意识转变。学校体育是学生终身体育的重要组成部分，是入门和打基础的阶段，而不是终身体育。兴趣是学习的开始，习惯是学习的动力；兴趣和习惯同时又是促进学生自主学习和终身坚持锻炼的前提，体育教学中应使学生自愿自主地参加适合自己的体育活动，通过亲身实践，培养对体育运动的爱好和兴趣。

（3）树立素质教育观

《课程标准》实施的目的是使"应试教育"向素质教育转变，体现素质教育的价值观。素质教育强调以人为本，以人的全面发展为教育目的。以往的体育课强调以体育知识为中心，强化知识的系统化、运动技能的竞技化、教育评估的单一化。新《课程标准》中，体育课程关注的核心是学生个体的健康成长和协调发展，强调学生学习的主体地位，以充分发挥学生的学习积极性和学习潜能，提高学生的体育学习能力。同时在教学过程中强调学习过程的"自主、合作、探究"。素质教育强调发展学生的个性。体育课程充分注意到学生在身体条件、兴趣爱好和运动技能等方面的个性差异，并根据这种差异性确定学习目标和评价方法，使每个学生能体验到学习和成功的乐趣，以满足自我发展的需要。在实施《体育课程标准》过程中，不仅要关心学生的体育成绩和身体发展水平，更应该使学生学会学习，让学生树立终身体育观念，学会自主选择学习内容，主动进行体育锻炼；使学生学会生存，让学生养成健康生活的习惯和良好的锻炼习惯；使学生学会做人，让学生在集体生活、学习中学会与人和谐相处，建立良好的人际关系，从而培养学生的责任意识、合作意识和团队精神。

3. 在体育课堂活动中培养学生正确的价值观

如果说深刻领会素质教育和《体育课程标准》的精神内涵是在实施《体育课程标准》中培养学生正确的价值观的前提，而转变观念、端正认识是在实施《体育课程标准》中培养学生正确价值观的关键，那么课堂教学活动则是培养学生正确价值观的主渠道。

（1）建立平等的师生关系

平等、和谐的师生关系是贯彻素质教育，落实《体育课程标准》，培养学生正确价值观的重要条件。在教育过程中，教师是学生学习的引路人，是学生学习的合作者。只有这样，才能让学生成为学习的主人，尊重学生的个性，体育教学活动才会收到良好的效果。

（2）营造良好的校园气氛

良好的校园气氛对学生树立"健康第一"的体育观，培养正确的价值观起着潜移默化的作用。为了让学生充分认识参与体育的意义，增强参与意识，应通过体育课、群体活动课、宣传栏、电视台甚至班会课向学生宣传体育的功能、价值，让学生明确进行体育锻炼（学习体育）的目的，端正进行体育锻炼（学习体育）的态度。

（3）开展群众体育活动，促使全员参与

要想在实施《体育课程标准》时落实"健康第一"的理念，培养学生正确的价值观，就要大力开展形式多样、丰富多彩的体育活动，让学生全面参与，共同努力，把班级体育搞上去，使班班有特色，人人有参与。在班集体中树立积极向上的体育新风，是开展学校体育工作的前提。学校应该全面规划，充分调动每一位教师的积极性，特别是班主任要主动配合，协助学校建立各班特色体育。各班主任要配合学校的整体部署，协助体育教师，结合班级特色，发挥集体的力量，激发学生的积极性和主动性，让每个学生动起来，带着激情，投身到体育中去。为自己、为班级、为学校积极参与、努力实践，锻炼健康的体魄，形成正确的价值观。

（4）因材施教，注重方法

学生的个性千差万别，基础各不相同，在实施《体育课程标准》时，一定要因材施教，注重方法，提高教师的教育水平，激发学生的学习兴趣。教师可以运用游戏法、竞争法、情境法、单独辅导法等。例如在一节《立定跳远》的新授课上，为了让学生掌握立定跳远的动作，体育老师采用"音乐热身→音乐操→教师示范→导入游戏→实地练习→分组比赛"的教学程序，整节课学生兴趣盎然，教学效果非常好。榜样激励法在实际教育过程中也能收到好的效果。因为榜样的作用是巨大的，尤其是在小学阶段，学生模仿性、攀比性、竞争性正处在旺盛期，榜样的树立可以减少学生练习的盲目性，学生根据参照对象进行练习，也可少走弯路。教师在练习过程中可多运用激励的手段，鼓励学生向榜样挑战，争取早日超越他们，做别人的榜样。

学生正确价值观的形成是个循序渐进、潜移默化的过程，必须抓住基础教育课程改革这个历史机遇，认真落实《体育课程标准》，充分调动学生的积极性、主动性促使学生形成自我教育的自觉性，从而最终形成正确的价值观。

（八）培养学生正确价值观的延伸点——在环境教育中培养学生正确的价值观

"全面推进素质教育，要面向现代化、面向世界、面向未来，使受教育者坚持学习科学文化与加强思想修养的统一，坚持学习书本知识与投身社会实践的统一，坚持实现自身价值与服务祖国人民的统一，坚持树立远大理想与进行艰苦奋斗的统一。"环境教育既是素质教育的重要组成部分，也是实施素质教育的主要途径。在学校环境教育中，可以培养学生价值观体系中环境价值的危机意识、资源意识、法制意识、公德意识和环保参与意识等。

1. 深刻领会环境意识的重要内涵

环境意识是价值观体系中的一个重要组成部分，它是反映人与自然环境和谐与可持续发展的一种新的价值观念，是人与自然环境关系所反映的社会思想、情感、意志、知觉等观念形态的总和。环境意识是环境教育的重要内容，是"绿色学校"的主要标志。学生价值观体系中的环境意识应包括以下内容：

（1）环境危机意识。环境危机意识是指学生在关注局部环境污染（如生活地区的大气污染、水体污染、土壤和生物污染、噪声污染等）的同时，更要关注全球环境污染（如地球变暖、臭氧层破坏、酸雨、生物多样性消失和危险废物在全球范围转移等），加强环境保护的危机感。

（2）环境资源意识。要让学生在学校的环境教育中知道我国是一个发展中的大国，人口众多、社会生产力水平还比较低是基本国情。中国环境资源种类繁多，总量丰富，属资源大国。但中国人均环境资源占有量相当低，不但低于发达国家和某些发展中国家，甚至低于世界平均水平。要让学生明白环境资源不是无限的，也不是取之不尽、用之不竭的。要让学生自觉保护和珍惜环境资源，养成"绿色学习""绿色消费""绿色运动"的行为习惯。

（3）环境法治意识。环境法治意识就是要使学生懂得：每个公民都享有利用环境的权利，同时也必须履行保护环境的义务；严重污染和破坏环境的行为都是违法的，应承担法律责任；公民对污染、破坏环境的违法行为都有检举、控告的权利，造成损失的有权要求赔偿损失。

（4）环境公德意识。环境公德意识就是让学生在与自然环境相处的过程中懂得人类只有尊重自然、爱护自然，才能形成和谐、健康、共赢的生态环境，才能和谐地与自然一起发展，同时也让学生理解自然环境是人类赖以生存的基础，是人类的家园，人类和其他生物都在一个家园中。环境公德意识是以人类与自然和谐发展为目标的。

（5）环保参与意识。环境教育是实践性的教育，学生环境意识的形成必须建立在积极、主动参与到学校组织的各项环境教育活动这个基础上。只有提高了学生的环境保护积极性，学生才会产生保护、改善和建设环境的使命感和责任心。正确的环保参与意识也就在学生积极、主动参与环境保护的过程中形成了。

2. 学校环境教育中培养学生正确价值观的渠道

（1）以实施新《课程标准》为契机，在学科教学中渗透环境意识

新的《课程标准》明确要求教师要处理好学生的知识与能力、方法与过程、情感态度与价值观之间的关系。新《课程标准》的实施为我们在学校环境教育中培养学生正确的价值观指明了道路。学校应该根据环境教育的特点，以实施新《课程标准》为契机，紧扣学科教学的内容，挖掘出环境教育的渗透点，全方位、全学科开展价值观的教育。学科教育始终是对学生进行价值观教育的主渠道。如在语文学科《美丽的小兴安岭》一文的教学中，在提高学生语文素养的同时，还应该对学生进行欣赏美（美的风光）、保护美（美的自然环境）、开发美（美的自然资源）的价值观教育。

（2）在学校少先队活动中开展环境教育主题活动，培养学生的价值观

在学校环境教育中培养学生正确的价值观，除了在学科中进行渗透外，同时还要使环境教育与少先队活动结合起来。我校利用少先队活动时间，对学

生进行环境教育。如组织全校学生参观香江野生动物世界，使学生增长了有关野生动物知识，认识到保护野生海洋动物就是保护人类自己。参观后，学生还写了以"我最喜爱的一种野生动物"为题的观察日记。各中队召开"手拉手，共建美好家园"主题队会，使学生以文艺形式展示自己在环保方面取得的成绩，培养自己良好的环境资源意识、环境危机意识、环境保护意识等正确的价值观。

（3）在探究性活动中培养学生正确的价值观

学校根据靠近珠江沙湾水道的有利条件，大力开展环境教育探究性活动。学生通过对沙湾水道的多次实地调查，不仅了解到珠江这条母亲河的美丽和作用，同时也了解了她正遭受的各种污染和破坏。这种探究性活动，不仅培养了学生的团队意识、合作意识、竞争意识，更培养了学生的环境危机意识和环境保护意识。这些正确的环境危机意识和环境保护意识最终落实到学生积极、主动的保护环境的行为上。

（4）与家庭教育、社区教育相结合，培养学生正确的价值观

学生正确价值观的形成还需要家庭和社区的大力配合。学校在进行环境教育的同时，要广泛宣传，教育家长和社区居民形成"绿色生活方式"，做到：节约用水，一水多用，慎用洗涤剂，减少水污染；节约用电，少开空调，尽量使用节能灯和无氟电器，减少大气污染；尽量选购绿色产品、绿色食品，倡导绿色消费；不随意乱扔废弃物，垃圾要分类投放；不吃野生动物，拒用野生动物制品；等等。只有在家庭和社区中形成积极、主动的环境教育氛围，才能为培养学生正确的价值观提供持久的动力。

环境意识是价值观的有机组成部分，在环境教育中培养学生正确的价值观是素质教育的要求，也是时代赋予我们的任务。只有以实施新《课程标准》为契机，紧紧抓住学科渗透这个主渠道，同时使少先队活动、探究性活动和家庭（社区）教育相配合，才能培养学生正确的价值观。

四、课题研究的思考与建议

总结近年来我们学校价值观问题研究的实践情况，结合当前小学生价值观教育的现状，我们课题组对当前小学生价值观的教育提出以下几点建议。

1. 认真总结和宣传党中央有关价值理论，并作为当前价值观教育的指导思想

随着经济体制改革的深化，全球化进程的加快，社会价值观已经发生了深刻的变革。中共中央关于加强党的执政能力的有关论述，不仅是对马克思主义建党学说的重大发展，而且是对价值理论的一次重大突破，它标志着党的价值理论的形成。这一理论适应了我国改革开放和社会主义现代化建设的新形势，适应了世界形势的新变化，适应了知识经济时代的新要求，是价值理论的新形态，具有鲜明的中国气派和时代品格，是民族性和时代性的高度统一。这一面向新世纪的价值理论，以爱国主义、集体主义、社会主义为价值取向，以中华民族伟大复兴的共同理想为价值目标，以广大人民群众为价值主体，以"以人为本"为准则，以开拓创新为实现手段，以公平竞争为激励机制，以遵纪守法、德法统一为行为准则。我们当前的价值观建设要紧紧围绕着这一核心价值观展开。要对这一理论加以丰富和发展，使之更加理论化、系统化，并采取有力措施宣传这一价值理论。

2. 把"以德治国"提到战略高度来认识

道德观是价值观的重要方面。社会主义法治国家的建设，既需要法律、制度的保障，也需要伦理和道德的支撑。在治国方略上，要把依法治国和"以德治国"统一起来。在治校方略上也要把依法治校和以德治校结合起来。现阶段，在坚持依法治国基本方略的前提下，要把"以德治国"提到战略高度来认识，大力加强教师的师德教育，大力加强学生的思想道德教育。

3. 强化价值观的创新

每一个时代都有其主导的价值观，我们要努力培育符合时代要求的价值观。而新价值观的生成并非无源之水、无本之木，价值观的创新要植根于中国实际，根植于学校的实际，把握价值观变革的规律，掌握科学的方法。当前主要应从以下几个方面努力：

一是进一步挖掘、整理、阐释马克思主义经典价值理论，紧密结合我国社会主义现代化建设的实际，创造性地发展和运用马克思主义价值理论。价值理论是马克思主义哲学的重要内容，经典作家关于劳动创造价值、人民群众创造历史、自然与人道统一、人类共同价值等思想随着时代的发展，日益显示现实意义，对我们社会主义市场经济建设、可持续发展战略的实施、观察和分析全球化进程具有极强的指导价值。因此，我们应该从时代发展的实际出发，对马克思主义经典著作的原始文本进行深度解读，创造出与时代共进的科学的价值理论。

二是深入发掘传统文化的优秀资源，根据新的形势加以改造，使之与时代精神相融合，形成具有强大的吸引力、凝聚力和时代感的新的价值观念。传统文化中的一些价值观念，诸如经济上的诚实守信、公平竞争；政治上的敬业爱国，团结协作；自然观上的尊崇自然，天人合一；道德观上的自强不息，厚德载物；人格精神上的"富贵不能淫，贫贱不能移，威武不能屈""天下兴亡，匹夫有责""先天下之忧而忧，后天下之乐而乐"等等，都值得我们认真开发，实现传统价值观的创造性转化。

三是批判地吸收和借鉴外来价值观，汲取人类创造的优秀文明成果。作为人类文明的组成部分，西方价值观也有值得我们吸收和借鉴的地方，如强调个人的权利，独立的自我意识，这些都对发挥个体价值有一定作用。在经济领域，西方国家强调自由竞争，重视信誉，遵守法纪，这对我们发展市场经济也有借鉴意义。我们要站在人类历史发展的高度，以海纳百川的胸怀，总结人类文明发展中的经验教训，立足中国实际，批判地吸收和借鉴其优秀成果。

四是总结人民群众在社会实践中形成的鲜活的价值观，加以精心培育，使之成为新价值观的生长点。人民群众是价值的创造者，也是价值观的创新者。我们应该及时总结人民群众的创新成果，丰富和发展社会主义价值理论。

4. 加强对价值冲突的引导和调控

随着社会的转型，社会价值观越来越多样化，不同价值观之间的相互冲突也就在所难免。价值观念的激烈冲突和深刻变革，是当代人类文明进程的突出表现。当前，价值冲突表现出普遍化、尖锐化、复杂化的趋势。在现实生活中出现的道德价值与功利价值的矛盾，自由与规范的矛盾，政治统一性与思想多样性的矛盾，经济发展与环境保护的矛盾，社会效益与经济效益的矛盾，科学精神与人文精神的矛盾，传统观念与时代观念的矛盾，外来价值与本土价值的矛盾，公平与效益的矛盾，权利与责任的矛盾等等，就是价值冲突凸现的明证。价值冲突的结果可能是从无序到有序，最终确立一种新的主导价值观；也可能是主导价值观被摧毁，而新的主导价值观又没有确立，导致社会总体价值目标的失落，从而造成社会心理的失衡与混乱。因此，对价值冲突要加以调控和引导，使科学的、健康的价值观始终处于主导地位。要在价值观研究中引入定量分析等科学方法，逐步建立一套价值冲突的预警系统，以准确把握时代脉搏，及时采取有力举措，主动进行调控，使价值观沿着正确的方向发展。

5. 改革价值观教育的方式方法

应当注意价值观的层次性和差异性，将先进性与广泛性有机结合起来，把提倡什么和要求什么区别开来，切忌形式主义和一刀切。既重视对主导价值观的倡导和宣传，同时也不能忽视一般价值观，尤其是劳动观念和公德观念的宣传教育。不仅要从政治的角度提倡集体主义、为人民服务的主导价值观，还要在公共生活领域提倡健康合理的公民观念、责任意识等。在教师中抓职业道德教育，在学生中抓思想道德教育，在家庭抓家庭美德教育，全方位地培育健康文明的社会风尚。价值观教育需要以理服人，也需要以情感人，将理性教育与情感教育结合起来才能获得最佳的效果。应将价值观教育融入学校教育、家庭教育、社会教育，应将价值观教育与社会生活紧密地结合起来，使价值观教育落实到现实生活中。

当前的社会现实已经给我们的价值观宣传和教育提出了挑战，我们要以科学的态度，深入研究价值观问题，倡导与时俱进的先进价值观，弘扬主旋律，打好主动仗，为社会主义现代化建设服务。

📖 参考文献

［1］王新玲.关于北京市一所中学学生的价值系统与道德判断的调查报告［J］.心理学报，1987（4）：33-42.

［2］金盛华，辛志勇.中国人价值观研究的现状及发展趋势［J］.北京师范大学学报，2003（3）：56-64.

［3］章志光.学生品德形成新探［M］.北京：北京大学出版社，1993.

［4］杨国枢.中国人的价值观——社会科学观点［M］.台北：桂冠图书公司，1993.

［5］李亦园，等.中国人的性格——科际综合性的讨论［M］.台北："中央研究院"民族学研究所，1974.

［6］翟学伟.面子·人情·关系网［M］.郑州：河南人民出版社，1994.

［7］丁立平.社会人格与人的发展［M］.北京：中国铁道出版社，2003.

［8］吴倬.在21世纪的地平线上：清华人文科学者展望21世纪［M］.北京：东方出版社，2001.

［9］沙莲香，等.中国社会文化心理［M］.北京：中国社会出版社，1998.

［10］王洪才.出误区：素质教育理论与创造性实践［M］.北京：开明出版社，2000.

［11］王宝祥.班级家庭教育指导［M］.北京：知识出版社，2000.

［12］郭思乐.教育走向生本［M］.北京：人民教育出版社，2001.

［13］钟启泉，崔允漷，张华，等.为了中华民族的复兴，为了每位学生的发展——《基础教育课程改革纲要（试行）》解读［C］.上海：华东师范大学出版社，2001.

［14］蔡敏.论教育评价的主体多元化［J］.教育研究与实验，2003（1）：21-25.

［15］教育部.素质教育观念学习提要（上）［J］.基础教育改革动态，2001（19）：10-17.

［16］陶倩，等.青少年品德训练读本［M］.北京:红旗出版社，1989.

［17］中共广东省委、广东省人民政府.中共广东省委、广东省人民政府贯彻《中共中央、国务院关于深化教育改革全面推进素质教育的决定》的意见［J］.师道，2000（11）：3-6.

［18］叶澜.新基础教育探索性研究［M］.上海：上海三联书店，1999.

［19］张书琛.体制转轨时期珠江三角洲人的价值观［M］.北京：人民出版社，2002.

［20］苏颂兴，胡振平.分化与整合——当代中国青年价值观［M］.上海：上海社会科学院出版社，2000.

［21］仓道来，徐闻.中西青年价值观的冲突与交融［M］.石家庄：河北人民出版社，2001.

［22］张书琛.西方价值哲学思想史［M］.北京：当代中国出版社，1998.

守住教育之根，让生命快乐绽放

——"小学'根教育'特色课程开发与实施的研究"结题报告
（广东省教育科研"十二五"规划课题2013YQJK062）

一、课题研究背景与意义

（一）问题的提出

学校课程是社会时代的产物，反映社会历史的特点，并因社会形势的变化而变化。近年来，各国的教育和课程改革如火如荼。这次改革的共同特点是：强调课程的人文化；力求课程的生活化；注重课程的统筹化；加强课程的弹性化；大力开发校本课程，着重培养创造能力。在课程改革热潮中，我国各地都有各地的选择，都有自己的高招。有的是礼仪进课程，有的是国学进课程，有的是戏剧进课程，广东选择岭南文化进教材、进学校课程。

"守住教育之根，让生命快乐绽放"是我们一贯践行的理念，围绕这一核心的办学理念，生成、凝练出了"根教育"这一显著的办学品牌，形成了"根教育"特色。在借鉴具有本土特色的"岭南文化"的背景下，我校科学地践行核心的价值追求，努力提升学校软实力，不断增强学校内涵和品位，使学校实现"特色"向"品牌"的跨越。学校追求品牌发展，关键要有特色课程。特色课程不是某个学科课程或活动，而是以学校核心文化为基础的具有综合性、鲜明发展方向特征的课程。于是，此时我们思考的是如何把学校文化与学校特色课程相结合，构建基于学校"根教育"文化的特色课程体系。依托广州市"十二五"教育科学规划课题"小学'根教育'特色课程开发与实施的研究"，我们从理论和实践层面对学校"根教育"特色课程进行探索研究，努力构建"为了学校""基于学校""在学校中"，有利于促进学生发展的"根教育"特色课程。在这一变革中，我们面临从教学改革、德育创新、社团建设、校本课程开发等一系列形形色色的问题。

（二）选题意义

1. 是落实《基础教育课程改革纲要》文件精神的迫切需求

《基础教育课程改革纲要》中明确规定："学校在执行国家课程和地方课程的同时，应视当地社会、经济发展的具体情况，结合本校的传统和优势、学生的兴趣和需要，开发或学用适合本校的课程。"基于这点，本课题研究将进行探索和实验，改革教学内容、方法、手段，提升教育质量，追求自己的发展目标、自己的教育风格，形成自己的学校文化，办出自己的特色课程。

2. 是《广州市中长期教育改革和发展规划纲要》实施"素质教育"的必然需求

《广州市中长期教育改革和发展规划纲要》指出"以学生为主体，以教师为主导，充分发挥学生的主动性，把促进学生健康成长作为学校一切工作的出发点和落脚点，为每个学生提供适合的教育。"素质教育就是要促进人的全面发展，人文教育的价值在于唤醒个人自觉。凝聚民族精神，提高民族素质，是目前新课程改革的目标之一。本课题的研究是实施素质教育的重要载体，通过开发与实施学校的特色课程，进一步深化"素质教育"内涵，形成学校特色课程。

3. 是学校特色课程建设与凸显学校品牌建设的内在需要

市桥实验小学虽为名校，但建校年份不长。如何树立办学理念、构建特色课程，从而实现"特色"到"品牌"的提升？学校希望通过"小学'根教育'特色课程开发与实施的研究"课题，明确"根教育"的本质内涵，结合学校、社区资源，审视教师能力、学生需要、家长期望、社区需要，构建科学而可行的特色课程体系，构建具有时代特色的"根教育"办学理念和办学价值，总结归纳出实施"根教育"的有效策略，构建可考评、可复制、可推广的"根教育"办学模式，鼓励教师在民主教学的基础上实施课程教学，改善评价方法，关注学生的科学和人文素养的提高，关注学生创新习惯的养成、终身意识的养成，培育出可持续发展的人才，努力实现创"岭南文化"特色学校，展"根教育"品牌学校风采的目标。此选题是站在学校特色发展的视角，站在传承和发展的角度去设计的，所以具有研究的价值。

二、文献综述

从理论层面来看，教育文化是近年来的研究热点。相关研究包括为什么要开展教育文化研究，教育文化是什么，怎样开展教育文化研究，等等。例如，学校与文化的关系，文化发展，教师文化、学生文化、课程文化等，但并没有发现关于"根教育"视野下的理论研究。

从实践层面来看，大连某校开展的"本根教育"主要侧重对学生的德育工作，属于"经典国学"教育文化；四川某校开展的"心根语文"研究，设计的内容是语文教学，属于学科教学范畴而非学校文化范畴；浙江省教育科学研究院开展的"草根教育"研究项目，倡导一种新的研究方向，关注一线教师的教育实践，"草根教育"着眼点在于教师个体的研究、教师的专业成长等范畴。另外，上海《小学语文教师》杂志社在全国推广经典诗文诵读工程，被众多媒体誉为"根的工程"。此项活动同样只是学科文化范畴，只是从一个侧面来解释和实施根的教育。

综上所述，小学阶段的教育自有其特点，不同历史时期、不同区域内的学校以及学者、研究者都认真研究过小学阶段的教育规律。文献和实际调查研究表明，对现阶段、本区域岭南文化背景下小学教育规律的研究大多数较为零碎，但"教育文化"从理论和实践两个方面都已有相关的研究成果。根据《广州市教育科学"十二五"发展规划》的要求，结合我区实施"上品教化"打造区域教育品牌的需要，本课题研究将围绕着"根教育"特色课程的实践与研究，回归教育的本原，有效发展学生的综合能力，促进教师专业发展，提高学校教育教学水平，推动学校的持续发展，促进学校的品牌建设。另外，关于《小学"根教育"特色课程开发与实施的研究》，经文献检索，还未发现相关研究。所以本课题具有一定的前瞻性和创新性。

三、课题研究目标与内容

1. 构建小学"根教育"的理论体系

（1）解读什么是"根教育"。

（2）构建"根教育"理论体系（概念、属性、内涵、特征、理论范式）。

（3）研制"根教育"操作体系。

2. 研制《小学 "根教育"课程纲要》

（1）提出小学"根教育"文化特色课程目标体系（总目标、分级目标）。

（2）构建小学"根教育"特色课程的内容体系："根系"——德育活动文化；"根育"——活动课程文化；"根植"——研学后教文化；"根雕"——校园环境文化；"根生"——学校制度文化。

3. 构建小学 "根教育"文化的操作体系

（1）小学"根教育"实施模式。

（2）小学"根教育"评价模式。

4. 研究小学 "根教育"与师生发展、学校发展的关系

（1）小学"根教育"与教师专业化成长的关系。

（2）小学"根教育"与学生全面发展、个性发展的关系。

（3）小学"根教育"与学校品牌发展、特色发展的关系。

四、课题研究方法

1. 课题研究技术路线

课题以实践为研究的出发点和归宿，依照行动研究的策略，通过"构建理论体系—构建模式—行动研究—探索规律"的研究路径，探索《小学"根教育"特色课程开发与实施的研究》途径，如图1所示。

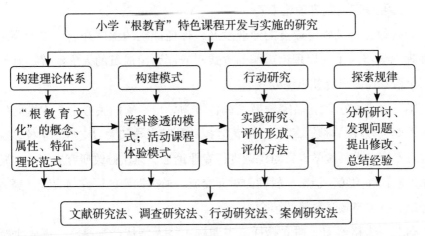

图1

2. 课题采用的研究法

在"理论准备阶段"采用文献研究法、调查研究法；在"课程实施实践"阶段采用行动研究法、案例研究法；在"反思构建"阶段采用描述性研究法、经验总结法。

五、课题研究过程

第一阶段：理论准备阶段

组织课题成员广泛阅览、收集论文论著，进行理论学习，提高理论素养，确定研究选题，为下一步行动奠定基础，使课题组成员对课题现状有所了解。编制实验方案，进行与课题相关的文献检索，完成文献检索报告。请课题组专家论证指导。

1. 建立制度，规范研究流程

为了让课题的研究工作扎实有效，避免课题研究工作的随意性。2014年9月21日下午，我在市桥实验小学会议室组织召开了第一次"根教育"课题会议。我在会议上介绍了"根教育"活动课程开发的背景与意义、目标与要求。"根教育"课题组工作室还制定了课题研究的工作制度，从课题的申报、活动出勤、研究方法、活动流程、材料上交等方面做了详细的规定，同时成立课题研究小组，商讨并撰写课题研究方案。实践证明，制度的建立，让课题研究工作走向规范，走向实效。

2. 加强学习，提升理论素养

为有效促进工作室成员的专业发展，保证课题的深度开展，本课题组从加强理论学习入手，以理论熏陶的方式提升课题组成员的人文素养、理论意识，争取本课题研究朝纵深处发展。

第一，专家引领，名家碰撞。在各级领导、专家的关心下，本课题研究得到了傅荣教授、姚顺添教授、姜涛教授的及时指导和大力支持。学校多次邀请教育专家、学科教学专家对课题进行专业论证，再次修改研究方案，并聘请专家组成顾问团队，经常与教师面对面交流。通过课题的研究与实践，努力实现理论、技术与教学科研的结合。

第二，人格感召，树立榜样。本课题主持人坚持严于律己，率先垂范，以实际行动影响他人，做到日读万言，日记千字。同时，积极组织学员认真学习全国和本地知名专家、学者学而不厌的学习态度，以及爱岗敬业、求真务実、精益求精、追求卓越的工作精神。以榜样的力量激励工作室成员认真、踏实进行课题研究。

第三，研读专著，丰厚理论。为拓展课题组成员的研究视野，提升课题组成员的理论水平，学校开展了"共读教育专著，感悟教育精髓"的读书交流活动。课题组成员组织全校教师深入、系统地学习了《中共中央国务院关于深化教育改革，全面推进素质教育的决定》，组织课题组成员研读了《走进新课程，与课程实施者对话》（朱慕菊主编，师范大学出版社，2003）、《新课程与课堂教学改革》（张天宝，人民教育出版社，2003）、《新课程学习方式的变革》（任长松，人民教育出版社，2003）、《校本课程开发：理论与实践》（崔允漷，教育科学出版社，2000）。教师们结合实际找书读，聚焦问题读透书，读书心得联经验，交流共享谋发展。同时，课题组相关教师还积极学习相关文献。目前，读书已成为我校每一位教师的习惯，教师们学以致用，结合自己的教学实践形成自己的理论，为课题组成员的可持续发展奠定了坚实的基础，为课题的深入开展提供了丰厚的理论基础。

3. 开展调查，了解相关课程需求

本次调查的目的是：为了解小学生"根教育"及相关课程的需求，为拟定"小学根教育"活动课程的建设、课堂教学新路径、探索培养小学生综合能力的途径提供方向和依据。基于这个目的，我们设计了《小学"根教育"特色课程学生调查问卷》，并开展问卷调查工作。

通过调查我们发现：

（1）在教师和家长的管理和督促下，学生对目前的活动课程基本上都能适应，但没有迹象表明学生非常乐意参与。

（2）学生极度渴望学校能开发更多有特色、有趣味的校本课程。

（3）学校的经典诵读开展比较成功，学生希望能有更多机会参与其中。

针对调查结果，我们将工作方向梳理为：课程是实现学生素质发展、体现学校特色的重要载体。学校着力推进"根教育"特色课程的建设，抓住传统与现代文化相融、科学与人文教育整合两条主线，逐步建立以社会需要、学生认知与发展为基点的学科性课程、活动性课程和个性化课程并行的"根教育"课程体系。

第二阶段：教育实践阶段

课程是土壤，好的课程可以让生命蓬勃生长。学校特色课程直接指向

"根教育"理念下的办学追求，使全体师生朝着建一所既有深厚文化底蕴，又具有现代气息的名小学的方向而努力。使学校特色日益彰显——在智慧的追求和执着的动力中，以根文化的凝聚力，维系着学校的和谐；以根文化的推动力，促进着学校的成长；以根文化的生命力，酝酿着学校的底蕴。

1. 特色课程的选择——品"根"深思：追寻教育的原点

万物都有根。根正，则秆直；根固，则生长；根深，则持久。追根究底，就是寻本正源，就是寻求万物之道。教育，也当追根究底，寻本正源。《论语》中这样说："君子务本，本立而道生。"明朝哲学家王阳明指出"为学须有本原，须从本原上用力"。

教育就像农作物一样，根深方能枝繁叶茂。为了实践"做有根的现代中国人"这一办学宗旨，并最终实现这一理想，我校创造性地提出了"根教育"的办学思想。

"根教育"立足于对生命的敬畏和尊崇，解放天性，让受教育者拥有丰富而又自由的心灵，着眼于培养具有"人的精神"的人，培养具有和谐素养的人。它着眼于三个层面：一是育"人之根"；二是寻找"教育之根"；三是从教育阶段的角度来说，小学阶段的教育实际上就是"根教育"。

我们科学地确定特色课程发展战略目标和方向，明确建设目标，以共同的愿景凝聚人心，以共同理念激励斗志，以共同行为创造辉煌，以共同发展构建和谐，使学校这个组织中的每一成员的理念、价值观，统整到学校的办学理念和价值追求上来，并落实到每个成员的行动上。对于我们市桥实验小学来讲，这种行为观念、发展愿景和价值追求要时刻体现在全校师生甚至是家长的言行当中。学校的一草一木，课堂的一举一动，每一项举措，每一次活动，其出发点和落脚点都应该是人的发展、生命价值的提升。为每一个生命的发展创造机会、提供舞台和给予帮助，为每一个生命的点滴进步加油鼓劲、摇旗呐喊。学校管理机制变"要我做"为"我要做"，变"要我学"为"我要学"，让所有人都在为追求自我、实现自我而主动，让学校成为每个生命绚丽绽放的沃土。

2. 特色课程的规划——定"根"生力，瞄准前进的方向

"根教育"的本质属性是追求精神涵养。"根教育"是民族的教育，是生活的教育，是儿童的教育，更是一种朴素的教育。从本源的意义上讲，课程就是为儿童铺筑一条促使他自我成长的跑道，引领着、协同着、辅佐着儿童在这条跑道上漫步或疾走。经过努力，我们铺设了一条通向儿童精神家园的回家之路！我们学校课程文化有科学的课程体系做支撑，这种课程体系呈现为以下结构：特色文化传承类课程、人文艺术浸润类课程、科学自然拓展类课程、综合探究实践类课程、品行心理养成类课程。"根教育"科学而可行的课程体系，如图2所示。

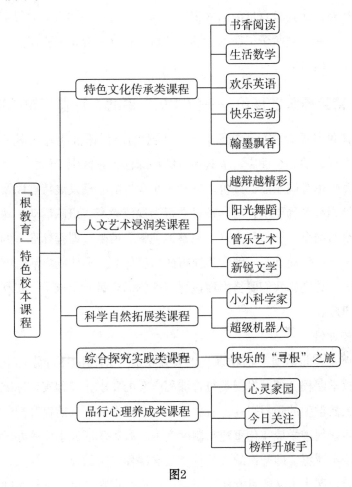

图2

3. 特色课程的实施——循"根"生慧，迈出坚实的步伐

"纸上得来终觉浅，绝知此事要躬行。"任何一种教育主张一定要有扎实的实践作为保证，要有坚强的毅力作为基础，方能达到预期的目标。以校园德育微课程《今日关注》为例。这一微课程的研发与实施是我校"根教育"理念下"育根"工程的新举措，符合现实教育发展需要，是与国家的教育课程改革一脉相承的。"校内无小事，事事多关注"就是它的精髓所在。我们用心思

考，潜心探索，精心实施，为生命的自由、快乐绽放培育了一方沃土。市教育局屈局长对此表示赞赏，他认为这是德育实效的一个生动体现。

特色课程的实施过程是师生积极互动、共同发展的过程，学校核心文化、学校管理理念、家长与社区资源等信息通过全方位的交流，实现师生互动、家校互动、学校与社区的互动；通过多层次、多渠道的相互沟通、相互影响、相互补充，达到教育价值的共识、共享、共进。一些看上去很不起眼的日常教育行为，一旦被赋予了新的内涵，便可以达到"寻常一样窗前月，亦有梅花便不同"的新境界。

六、特色课程的评价——舒"根"滋心，憧憬理想的境界

课程评价是课程实施的重要环节，科学的课程评价能起到事半功倍的效果。根教育课程的综合性决定了其评价的特殊性，它区别于语文、数学等其他学科评价，也不等同于品德评价。它基于小学生的心理发展特点以及时代对小学生心理健康教育的要求，与学校日常行为规范教育、班队活动、课外活动、各科教学紧密结合。教师要准确、完整地理解、反映《课程标准》的理念和要求，通过多元评价活动，了解学生获得的情感体验、形成的生活态度、养成的行为习惯……总之，我们要努力使该课程评价适合每一个孩子，有利于每一个孩子的健康成长。

1. 学校评价

为了保障"根教育"活动课程的有效实施，学校的评价分三个层面：第一，开齐校本课程，即开发门类符合课程方案的要求，课程实施标准编写科学适用，既关注学生的学习兴趣，有利于学生个性发展，又能提升教师的专业成长水平，还能促进学校文化重建与制度变革，有利于形成学校的办学特色。第二，开足校本课程，即开设的节数符合国家课程方案的要求。第三，开好校本课程，即学校课程讲义的可操作性要强，过程性资料齐全，学校对师生的评价科学合理。学校评价采用过程监控、成果展示的方式。由学校家长委员会对课程实施情况进行督导评估，评价情况记入每学期期末的教师百分奖中。

2. 教师评价

将学校课程的开设质量作为教师评价当中一项重要的业务能力。用"一评三查一展示"进行评价。"一评"是指每学期两次的课堂教学评价。此评价旨在督促教师进一步钻研校本课程。因此，采取人本化的管理手段，不以一次

听课成绩决定教师的业务素质，而是每次常规听课结束后，都要将全校的最高成绩以及教师本人成绩书面通知给任课教师本人。如果教师对自己的成绩不满意，可以提出二次授课，直至满意为止。目的是督促教师在一遍遍的授课中，提高自己对校本课程的研究能力。"三查"是指一查学生学习过程性资料，如作业、成果（作品）或教师对学生学习情况的记录；二查教师对学生学习过程的评价资料；三查教师对校本课程标准开发的价值和讲义使用情况的反思。"一展示"是指学期末将学校课程的开发使用情况以学生作品或者研究成果的形式向中心小学校本课程开发监控委员会汇报。以上"一评三查一展示"由教师根据自己开发的课程在实施前制定出目标，开设过程中和学期结束后，学校将对照教师自己设立的目标进行适时评价。评价成绩采用"优秀、良好、一般"等级制，分别在教师评价当中有关开发课程的能力一项加1.5、1、0.5分。评价标准是：高于设定的目标为优秀；相当于设定的目标是良好；低于设定的目标就是一般。

3. 学生评价

我们将学生参与课程的情况作为学生综合素质的一部分进行评价。第一，定量评价，包括出勤率；学习研究过程记录；学习成果，包括作品及阶段性研究报告等。第二，定性评价，包括学生在整个学校课程中完成学习、探究、合作时的情感投入，以及态度转变、合作意识、创新精神、动手能力、价值观的形成等方面的表现。学期末，根据以上记录，采用师生评、生生评、家长评的多元评价方式，描述性评价与激励性评价相结合的形式，对学生进行综合评定，评定结果分为真棒、很好、加油。对于特别优秀的学生也可以采取考级制度。

七、课题研究成果

（一）事实性结论

1. 促进了学生全面发展，提高了学生综合素质

（1）促进了学生个性的张扬

每个人都是独一无二的存在，因而每个人都应当有自己独特的个性。"根教育"活动课程的开发与实施，为学生张扬个性提供了平台。

① 给学生留下了空间。个性的发展需要一定的自由空间，没有空间也就没有发展。在单一国家课程的背景下，课程统得过死，因而，很难做到让学

生的个性得到张扬。而开发校本课程，强调尊重学生的兴趣和经验，根据学生需要进行选择，为学生的个性发展留下了一定的空间。《轻吟浅唱》校本教材在使用时，学生可以根据自己感兴趣的内容提出修改意见。不仅如此，学生还参与了课程决策，具有一定的决策权。在研究完善阶段，学生试用教材以后，大多数认为有趣故事和传说要分开，要加上"可以写出自己的感悟"这项内容。在形成终稿时，我们就按照学生的意思，不断进行修订、完善。

② 以人为本。"根教育"活动课程开发不仅承认学生的个体差异，而且满足每个学生的不同发展需要，以促进学生最大限度的发展，也就是以人为本。"根教育"活动课程开发的着眼点和目标是促进学生发展，我们把学生视为独立的人、发展中的人、有潜能的人。因此，在开发"根教育"活动课程的时候，将课程与教学向学生的生活世界回归，注重学生的主动性和创造性。教师是学生学习活动的组织者与指导者，更是课程的实践者和反思者。这就要求教师与学生建立平等、民主、和谐的师生关系，树立正确的课程观、学生观和学习观。注意学生的差异性，注重个别指导，尽可能满足学生的不同需求。

（2）促进了学生能力的发展

① 转变了学生的学习方式

传统的课程是教师上，学生听；教师讲、学生记。"根教育"活动课程的学习方法不再是教师教、学生听，而是学生和教师一起调查、实践、讨论、游戏，并和学生自己的生活实际紧密联系。授课老师也不是唯一的，除了学校老师外，学生身边熟悉的人都可以是最好的老师。当然，学生自己也可以是自己的老师。做到用教材教而不是教教材，让教学"活起来"。

我们就"根教育"活动课程设置前后学生对学习语、数、英课的兴趣进行了调查。"根教育"特色课程设置前后学生兴趣调查对比分析表，见表1及图3。

表 1

抽样班级	人数（人）	课题实施前（%）	课题实施后（%）	提高率（%）
六年（1）班	41	48.39	80.65	66.7
六年（2）班	46	44.44	80.56	81.3
六年（3）班	45	37.14	71.43	92.3
六年（4）班	42	35.29	67.65	91.7

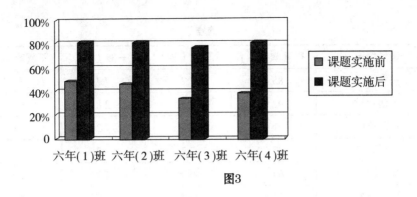

100%
80%
60%
40%
20%
0

六年(1)班　六年(2)班　六年(3)班　六年(4)班

□ 课题实施前
■ 课题实施后

图3

　　从表中的对比数据可以清楚地看到，学生通过校本课程学习，学习兴趣得到了培养和提高，学生对基础学科语文、数学的学习兴趣也提高了。一旦学生兴趣浓厚了，学习的质量也就会不断提高。

　　②培养了学生综合运用知识的能力

　　学生参与"根教育"活动课程学习，冲破了基础学科课程过分重视学科知识的序列，从自然、社会、生活中的事件、现象和情境中寻找具有探索性和可行性的问题。"根教育"活动课程的学习对学生提出了更高的要求，这就需要学生在具体探究过程中综合运用知识进行比较、分析，判断、想象，归纳、演绎，培养了学生综合运用知识的能力。

　　③促进了学生意志力的提升

　　如何使学生具备承受挫折与失败的意志力一直是家长、社会关注的问题。而校本课程的开发，学生也承担了一些开发、学习的任务，为克服困难、战胜挫折提供了一定的条件。

　　④"根教育"活动课程的设置深受学生欢迎

　　由于"根教育"活动课程开发以满足学生的需求为前提，从学生的兴趣和经验出发，精选学生终身学习必备的基础知识与技能，是一个动态的过程，因此我们在进行校本课程资源挖掘、收集的时候，也就是在课题前期的准备工作中，首先对学生进行了校本课程设置兴趣情况调查，然后才进行特色课程的设置。"根教育"活动课程实施以来，深受学生欢迎。学生对"根教育"特色课程的兴趣情况调查分析表，见表2。

表2

设置情况	很喜欢（%）	喜欢（%）	一般（%）	不喜欢（%）
书香阅读	85.6	7.2	7.2	—
生活数学	92.9	4.3	2.8	—
欢乐英语	90	2.8	7.2	—
快乐运动	87.1	7.2	5.7	—
翰墨飘香	64.3	28.6	4.3	2.8
越辩越精彩	74.3	15.7	5.7	4.3
阳光舞蹈	70	17.1	5.7	7.2
管乐艺术	40.2	20.6	22.2	10
新锐文学	30.3	45.2	24.5	—
小小科学家	52.1	30.3	17.6	—
超级机器人	60.6	25.9	13.1	—
快乐的"寻根"之旅	87.1	8.6	4.3	—
心灵家园	62.9	17.1	11.4	8.6
《今日关注》	91.5	5.7	2.8	—
榜样升旗手	85.7	10.3	5	—

　　表2中的数据显示，绝大多数课程都受到学生的喜爱，其中，比较受学生欢迎的课程是生活数学、欢乐英语、《今日关注》。由此可见，"根教育"活动课程设置是成功的。

　　教育的成果是人的发展，优质教育就是为学生的终身发展奠基。小学"根教育"特色课程开发与实施的研究，促进学校品牌发展和教师专业水平共同提高，最终受益者是学生。学校以"做有根的现代中国人"为校训，近年来，通过加强养成教育、打造广东省书香校园、开展研学后教"根本"课堂教学改革等形式，为学生的健康成长提供沃土；以"与其听六年，不如秀一次"为指引，为学生创设多个展示的平台，让喜闻乐见的校园活动锤炼人，让彰显个性的特色课程发展人，促使学生综合素质得到很大提升。我校张齐笙同学获2012年度CCTV中央电视台"希望之星"英语风采大赛广东赛区复赛凯翔英语杯二等奖；赖倾国荣获全国少年儿童世界和平海报作品征集活动广东省赛区优秀奖。在第十八届全国华罗庚金杯少年数学邀请赛初赛中，苏振漩、李卓泳同学获番禺区一等奖，麦丰汇同学获二等奖，荣昊、马培贤、朱梓聪同学获三等奖。在第十届"希望杯"全国数学邀请赛中，我们的同学同样收获良多。黄振庭、滕德铭学生获第十届"希望杯"全国数学邀请赛四年级二等奖，杨宸同学获四年级三等奖；苏振漩、李卓泳同学获六年级二等奖，朱梓聪同学获六年级三等奖。在2013年"广州市第二十三届小学英语竞赛"中，我校荣获市桥城区片一等奖。在广东省陶艺比赛中，我校陈孔彬、谢峻宏的作品《再努力一下》获奖，并被广东省教育厅永久收藏，我校李思雨同学被广州市教育局授予"广州市第二届小道德模范"称号。近年来学校学生在各类报刊中发表的文章达50多篇。市桥实验小学近年学生获奖统计表，见表3。

表 3

类别	国家级	省级	市级	区级	合计
（语、数、英）学科类	0	0	58	63	121
其他活动类	8	78	196	497	779

2. 促进了教师专业化成长，提高了教育教学质量

小学 "根教育"特色课程开发与实施的研究推动了学校教师"全员、全程、全心"参与教改科研，改变科研总是停留在少数人搞研究的状况，引领教师边实践边研究，边研究边实践，在实践与研究的相互促进中，不断反思深化，逐渐上升到理性认识，反过来更好地指导实践。在研究实践的三年时间里，全体教师得到了锻炼，教师们有所思、有所悟、有所获。

（1）教师的课程意识得到提升

随着"根教育"校本课程的开发与实施，一系列的自学、集体学习、培训交流带来了教师思想观念的转变和课程意识的提升。在思维碰撞中，教师的观念发生了根本性的变化，他们开始由课程最忠实的"执行者"向课程的"决策者"过渡，特别是在开展"研学后教"的课堂教学中，教师深刻领悟到"研学后教"重在教师的研和学生的研，教师在日常的教学中努力体现"以学为本（以学定教）""以学生为中心""以'如何学'为主线设计教学""以学情和学习目标为依据"。通过在科组范围内、在全校范围内上公开课，进行异地教学、同课异构，请省市教研员和校内骨干教师进行听评课，全科组教师听课并参与研讨的形式，推进"研学后教"，构建高效的课堂教学模式。可以说，课题的研究激发了教师自我发展的需要，催生了教师创新思维，构筑起了师生共同发展的平台。课题研究过程中，在区级和市桥城区级的现场会中都进行过研讨课的展示，共21节。

（2）教师的合作意识得到增强

"根教育"校本课程的开发是校长、教师、学生、社会、家长方方面面成员共同参与的过程，是合作探讨反思的过程。需要大家齐心协力，需要大家付出真诚与汗水，尤其是编写课程教材，对于大部分教师来说，都是"大姑娘上花轿——头一回"，因此在编写过程中肯定会遇到许许多多问题。解决问题最简便易行的方法是交流探讨，你问我答；你的问题我补充，你写第一课，我编第二课。在来来去去之间，教师之间的交流多了，合作多了，教师在合作中也逐步成长起来。

（3）教师的研究能力得到提高

课题的研究是一个有组织、有目的、有计划的行动研究过程，是一个开发与研究结合的过程。"根教育"校本课程开发要求教师对自己的教学实践进行反思，积极开展行动研究。在行动研究的过程中，教师通过对自己教学行为的反思，总结经验教训、研究教学过程，从而发现和形成适合自己的教学方式和教学风格，最终提高自己的教学水平和研究能力。

需要指出的是，课题研究相关案例及论文获得省、市、区级奖励。

（4）成就了教师职业幸福感

在课题的研究过程中，在校本课程开发、研究、实施过程中，一个个团结、共生的团队相继诞生；终身学习、科学发展的理念深入人心。教师们通过校本课程的开发研究，有力地促进了自己的专业发展，成就了教师的职业幸福。近几年来，我校教师的论文有50多篇分别在国家、省、市、县获奖或者发表。课题组在研究过程中，捕捉展示机遇，参与展示过程，以专题研讨、评比交流、撰写论文等方式为舞台，推出了一批骨干教师。其中柯中明校长参加了广东省新一轮"百千万工程名校长培养"，参加了教育部小学校长培训中举办的校长高级研修班、美国范德堡大学皮博迪教育学院"教育领导能力"专项研修等学习。陈惠茹、何燕霞、张洪山、袁幸玲、王媛、赖燕琼等教师成为省、市级骨干教师。2012学年，康青叶等8位教师的论文、案例获第十届全国基础教育课程改革综合实践活动评比一等奖；何燕霞等46位教师的论文荣获2012年度广东省教育学会论文评比二、三等奖；梁倚灵等4位教师的征文在广东省第二届师德征文比赛中获奖；王媛老师参加广州市禁毒说课现场赛获广州市一等奖；柯中明校长参加广州市品德科有效课堂教学比赛获二等奖；李华丽老师荣获广州市小学英语教师"优秀重构文本"比赛广州市二等奖、番禺区一等奖；

我校教师积极撰写教案，在广东省创建全国优秀家长学校实验基地优秀教案评选活动中有3篇教案分别获广东省一、二、三等奖，有38篇获广州市一、二、三等奖；2013年，张淑玲、肖伟老师获第11届"广东省少年儿童发明奖"优秀园丁奖；高毓坚老师荣获广州市数学解题比赛二等奖，龙玲玲老师荣获市三等奖；陈慧老师参加第四届番禺区综合实践"因素分析"课型大赛荣获一等奖；柯中明校长等33位教师的论文获番禺区第26届教育学会论文三等奖（具体情况请看获奖成果证明材料《教师获奖成果一览表》）。市桥实验小学近年教师获奖统计表，见表4。

表4

类别	国家级	省级	市级	区级	合计
论文	10	66	56	164	296
教学资源、教学课件、教学设计等	0	32	105	169	306

市桥实验小学名校长、骨干教师人数统计表，见表5。

表5

类别	人数（人）
广东省名校长培养对象	1
广州市名校长	1
广州市级骨干教师	10
区骨干教师	5
区中心组学科教研员	4

3. 积淀学校文化，提升学校文化品牌

（1）彰显了学校的办学特色

课题实验过程中，我们加强了校园环境建设，提高了校园文化的承载力；生成办学理念，锻造"实小"精神文化，提高校园文化的内生力；突出制度文化建设，构建和谐校园，提升校园文化的柔和力；突出活动育人，创设特色活动，提升学校文化的吸引力；积极开展"研学后教"，构建情境课程，提升学校文化的驱动力；开展"经典诵读，润泽生命"活动，提升了学校文化的影响力。"市桥实验小学在传承优秀传统文化方面给全市的学校做出了榜样！"这是广州市教育局屈哨兵局长到访我校时给予的评价。"市桥实验小学书香味浓，幸福味更浓。"这是卢书记在我校调研会议上讲的一句话。"根教育"的实施，提升了学校教育教学质量，提高了学校的知名度，为

"优质教育"提供了可能。

（2）促进教育教学质量提高

"小学岭南文化'根教育'特色课程开发与实施的研究"在一定程度上反映了学校的办学理念与学校的基本条件。如果说国家课程的主要目标是培养学生达到国家对学生的基本要求的话，那么该课程就是发展学生个性，培养学生能力的重要平台。通过该课程的开发与实施，在学校内部可以形成一种浓厚的研究气氛，教师之间、师生之间、学生之间的合作、支持、激励、交流成为主题曲，学校教育教学质量自然会得到不断提高。

此外，学校还承办了"全国基础教育课程改革实验区综合实践活动研讨会""ELLE–中美名优中小学校长教育领导力发展学习与交流"活动、"全省语言文字规范化示范校工作现场会"等各级各类教育教学研讨活动，先后接待教育考察团近千人次，被教育部确定为中国移动中小学校长培训基地、华南师范大学学科共建基地、中国人民大学复印报刊资料库共建基地等。

（二）认知性结论

1. 构建了岭南文化背景下小学"根教育"的理论体系

（1）"根教育"的思想源泉

做有根的现代中国人。

（2）"根"的内涵

① 根是一个生长的原点。

② 根是一种内谦的品质。

③ 根是一种质朴的境界。

（3）"根教育"的内涵

夯实基础，激发潜能，积淀素养，滋养生命，让生命之根深扎、广延、牢固。

（4）"根教育"的核心追求

守住教育之根，让生命快乐绽放。

（5）"根教育"的目标

着眼于四大生命之根，塑造生命的快乐形态。

一是养德性之根，育止于至善之人；

二是培智性之根，育灵心慧性之人；

三是健体性之根，育心雄体壮之人；

四是护美性之根，育才望高雅之人。

（6）"根教育"的属性

人本性、公共性、基础性、朴素性、差异性。

（7）"根教育"的生命特征

"根教育"的灵魂——价值引领；

"根教育"的血脉——文化传承；

"根教育"的旋律——自由欢畅；

"根教育"的神韵——智慧观照；

"根教育"的光华——生命唤醒；

"根教育"的境界——各美其美。

2. 课题核心概念

（1）文化

是人类在长期的生活生产实践中所创造的物质文明和精神文明的总和。
[《中国大百科全书（社会学卷）》]

（2）岭南文化

狭义上是指"广府文化"，广义上是指广东文化（包括广府文化、客家文化、潮汕文化）。

（3）岭南文化"根教育"

是指内含岭南文化特质（务实、开放、兼容、创新）的育人活动。

（4）特色课程

是指内含学校文化元素以显著区别于其他学校的"目标、内容、实施、评价"的教学活动。

（5）开发与实施

"课程开发"是指通过需求分析确定课程标准，包括"预期目标、主要内容"；"课程实施"是指根据《课程标准》开展相关的教学活动，并对课程目标达成进行评价。

（6）"小学岭南文化'根教育'特色课程开发与实施的研究"

是指根据小学岭南文化"根教育"需求（培养具有"务实、开放、兼容、创新"人）分析，确定岭南文化"根教育"课程标准（预期目标、主要内容），根据《课程标准》组织相关教育实践活动，并对课程目标达成进行评价的整个研究过程。

3. 课题主要观点

（1）岭南文化是中华文化重要的组成部分，而我校地处岭南，传承和发扬岭南文化十分必要。又因为教育本质是促进人的发展和社会的发展，而培养务实、开放、兼容、创新的人才符合社会发展的需要，所以开展岭南文化"根教育"育人活动具有重要意义。

（2）岭南文化"根教育"的理念是：从教育的根本出发，育德、明智、健体、塑美，引领学生向至善之心、灵慧之气、康健之体、高雅之行的目标快乐成长。

（3）开展岭南文化"根教育"特色文化育人活动，要构建岭南文化"根教育"目标体系，确定岭南文化"根教育"的原点及岭南文化"根教育"的价值追求。

4. "根教育"实施的主要行为体系

（1）"培根工程"："根教育"模式下的学校先进文化建设。

（2）"育根工程"："根教育"模式下的学校德育新路径。

（3）"扎根工程"："根教育"模式下的学校课程建设、课堂教学新路径。

（4）"养根工程"："根教育"模式下的书香校园建设新路径。

（5）"守根工程"："根教育"模式下的教师专业化成长新路径。

（6）"护根工程"："根教育"模式下的"家校互动"大教育格局的建设策略。

（三）价值性结论

1. 开发了特色 "根教育" 活动课程体系

学校课题组边实践边总结经验，并注重材料的收集和整理。我们从开发特色校本课程入手，让学生在各种有趣的、有特色的校本课程中享受快乐，提高幸福指数。"根教育"具有坚实的支撑——科学而可行的课程体系，为了加强管理，及时调控，课题组成员制订了《番禺市桥实验小学校本课程实施方案》，发展了涵盖各个学科、类型丰富的校本课程体系，实现了校本课程实施的制度化和常规化。同时，还制订了《番禺市桥实验小学综合实践活动实施方案》，编制了《番禺市桥实验小学综合实践活动手册》，保证了综合实践活动课程的规范实施。这样就实现了"学科课程优质化、校本课程精品化、研究性学习常规化、潜在课程和谐化"，成就了学生的个性与创新。学校教师人人参与开发校本课程，课程自选超市、课程自助餐成为校园亮点。通过营造"课程·社团·竞赛·科研"一体化的特色教育项目发展模式，促进了创新型人才的培养。

2. 探索了"根教育"理念下的课堂教学新路径

课程成就人。根据实际情况，学校开发出了本土文化传承类课程、人文艺术浸润类课程、科学自然拓展类课程、综合探究实践类课程、品行心理养成类课程，让孩子们健康、快乐、和谐成长。聚焦课堂，是守住教育之根的核心所在。学校提出"根本"课堂的课堂教学理念。此外，让每个学生成长为最优秀的自己。我们创设各种特色活动，帮助学生打好坚实的基础，让每个孩子得以充分成长。为学生的终身发展负责，是我们执着的信念，也是每个实小语文教师应有的思想和行为，学校提出了"与其听六年 不如秀一次"的口号。

课前一分钟，练胆更练口才。每个来学校参观、听课的老师都这样说："市桥实验小学的学生敢讲话、会讲话。"这得益于平时的训练。近年来，学校一直坚持开展课前演讲，目的是让每一个学生都有展示自己的机会，都能在实践中得到锻炼。演讲内容不限，学生可以任意找寻资料，如名人名言、科学故事、新闻片段等。高年级部分班级的学生对辩论有兴趣，老师便每月换一个辩题。多年来，"课前一分钟"就像一个蹒跚学步的孩子，走过一段艰难曲折的路。但我们风雨无阻，一直坚持前行，在一次次的演讲中，学生上台演讲的质量有了很大的提高。学生的口头表达能力得到了锻炼，学生增强了自信心和勇气，收获了自信与喜悦。用柯校长的话："每个学生在三周中就能得到两次上台主讲的机会。一个学期18周，那么每个学生每个学期能有12次公开发言的机会。六年小学读下来，学生还会缺乏胆量、缺乏自信吗？""课前一分钟"给了学生一个精彩纷呈的舞台，学生越来越想说、会说、大胆说、乐于说，能力不断得到发展和提高，这项活动已成为我校语文教学实践活动中的一道亮丽的风景线。

我们积极进行经典诵读、学生讲演、书法教育、科技创新、跨文化交流、篮球等特色学科建设，并在各科教学中有效渗透特色教育内容，形成了具有"根文化引领下的人文教育"特色的学科性课程、活动性课程和环境性课程并行的课程体系。本课程体系既能体现我们的办学理念、教育思想，又根植于学校和番禺的历史文化。

珍视独立和自由，耕耘出一片丰腴的课程沃土，让每一个生命在生态课堂达成圆融的"和美"之境。这应该就是"根教育"对"课程成就人"的最好回应。

3. 探索了"根教育"理念下的书香校园建设新路径

在亲近经典的过程中，市桥实验小学的教师们徜徉经典，醉心其中，用琅琅书声为孩子构筑一个温馨、实在的成长环境，和家长们一起携起孩子幼小的手，回归童年，回归母语温暖的怀抱，回归生命应有的完整圆润和健康美丽。

我们这所年轻的学校，凭借着"经典诵读"这一个性化的项目，用智慧经营，用文化铸就了生命成长的支撑点，让每一个生命在文化的家园安身，成就了学生、教师、家庭，也成就自身的跨越式发展，让自身流溢迷人的光彩。经典诵读在学生层面的具体做法是："每年一'化'"倡导买书观念；"每月一荐"保证有书可读；"每月一测"促进有效阅读；"每月一动"培养了读书兴趣；"每周一课"学会了读书方法；"每日一读"养成了读书习惯；"每课一说"交流了读书心得；"每期一宣"得到了家长支持。

良好的行为文化让学生沉浸在一个温暖明亮的世界，让阅读成为促进学生全面、和谐发展的有力抓手，为学生的一生发展奠定坚实的基础。

4. 探索了"根教育"理念下的教师专业化成长新路径

提出"做最好的自己"这一思想。旨在让每一位教师都能感受到自身的价值，都能享受到精神上的愉悦和幸福，成为最好的自己。

在具体的实施路径上，学校倡导"四模式""三化"的路径。四大模式为"导师引领模式""名师研修模式""课程开发模式""课题带动模式"。"三化"，即学校教化，锻造学习型组织；科组强化，走校本草根教研之路；个体内化，提升职业认同感。

从经纬两度提出新思路，将采用灵活有效的教师培训机制，有力保证新课改的扎实推进，保证教师有序而健康的专业成长，进而有效地解决课程改革的师资瓶颈，为教育的发展提供软件上的强力保障。

为了让每一位教师成为最好的自己，学校启动个人发展规划，让每位教师制定出适合自己的专业发展目标，推出四大行动——第一，推进学历进修；第二，构建学校自培体系；第三，加大青年教师培养力度；第四，积极推进名师工程，为教师们的成长铺就了成长的道路。具体来说，注重提升教师的人文素养，倡导共读共写的教师读书方式；围绕"小学教师专业标准"，进行系列的教师专业成长培养活动：推出"尚品"人文素养大讲堂，邀请国内外各名家讲学，让学校教师开展专题讲座；注重对教师进行基本的专业训练，比如教师普通话培训、教师毛笔字培训、教师教育论文写作培训等各项教师人文素养培训项目；关注课堂教学的改革和实效，实施了"微格观评、整体推进、应时而动、变中求进、兵分三路、点面结合"的有效观课方式，实现了由听课到观课的华丽转身；倡导"你我并肩通行"的同伴互助模式，采用"课例诊断式，提升专业水平；示范交流式，提供互助范例；主题研讨式，架起互助的桥梁；依托教师博客，共享互助成果"的方式推进同伴互助。

5. 探究了"根教育"与学生、教师、学校发展的关系

（1）"根教育"与学生发展的关系

①"根教育"突出了"学生第一"的生本思想。"根教育"所有的出发点和落脚点在于"生命的成长"。本课题的开展，让参与研究课题的学校进一步凸显了"以人为本"的教育思想，确立了教育教学活动必须以促进学生的健康发展为出发点和落脚点。

②"根教育"强化了"做有根的中国人"的民族思想。"根教育"的思想源泉就是"做有根的现代中国人"。在实践的过程中，"根教育"特别重视中国优秀传统文化的熏陶。市桥实验小学以"亲近经典"活动为载体，让学生进行中华经典诗文诵读、学习古代经典诗文的吟诵、研习中国书法、传承中国优秀传统文化。

③"根教育"遵循了"各美其美"的差异发展。"根教育"崇尚"各美其美"的境界，因此，要通过课堂教学、社团建设等方式发展学生的个性。

（2）"根教育"与教师发展的关系

"根教育"提出"做最好的自己"的教师专业发展核心理念，提倡通过各种各样的途径促进教师的发展。参与实验的教师不同程度地得到提升，分别在教学新秀评比、教师论文撰写、教师专业素养等方面取得了一定的成绩。市桥实验小学陈惠茹、何燕霞、张洪山、王媛、赖燕琼等教师成为省、市级骨干教师。钟村中心小学利小玲老师被评为广东省南粤优秀教师、广东省阅读之师。

（3）"根教育"与学校发展的关系

"根教育"的实施，提升了学校教育教学质量，提高了学校的知名度，使"提供优质教育"得以实现。市桥实验小学先后获得国家级语言文字示范学校，全国"中华诗文诵读示范实验学校"，广东省"综合实践活动课程实验样本学校"，广东省"基础教育课程改革加强思想道德教育实验研究"实验学学校，广州市绿色学校，广东省安全文明校园，广东省语言文字规范化学校，全国新学校行动计划实验学校，广州市学校民主管理工作星级单位，教育部——中国移动中小学校长培训项目影子校长培训基地等光荣称号。三年来共接待了来自美国等国家的访问团1000多人次，并且学校各项工作也得到高度肯定。

七、成果推广应用

两年多的时间里，我校通过开展牵手学校交流活动，借助教育部影子校长培训基地、番禺区教师培训基地、名校长工作室等平台推广研究成果，共计接待1600多人。"根教育"特色文化经验交流情况一览表，见表6

表 6

（2012年9月—2014年12月）

时间	到访单位（人员）
2012年9月18日	新疆校长团
2012年9月19日	广东省农村中心小学校长专题培训班
2012年9月24至28日	江苏省中小学校长赴粤名校跟岗学习交流团
2012年10月29日	黑龙江校长考察团
2012年11月16日	教育部——中国移动"影子校长"项目湖南校长组
2012年11月19日	广东省教育学院第十四期校长培训班
2012年11月26日	教育部——中国移动"影子校长"项目京苏粤校长组
2012年12月7日	香港宝安商会温浩根小学
2012年12月12日	教育部——中国移动"影子校长"项目西部校长组
2012年12月19日	佛山市三水区学科教研组长考察交流团
2013年1月4日	市桥城区中小学全体正职校长
2013年3月25日	美国田纳西州教育考察团
2013年4月17日	揭阳市德育副校长教育考察团
2013年4月25日	龙门县龙城第二小学行政团队
2013年5月10日	天河区龙洞小学德育团队
2013年5月17日	佛山禅城区骨干教师交流考察团
2013年5月27日	杭州文三教育集团骨干交流考察团
2013年6月5日	杭州市西湖区骨干班主任教育考察团
2013年10月10日	教育部——中国移动"影子校长"项目云、桂、琼三省组

续 表

时间	到访单位（人员）
2013年10月28日	广东省第十七期农村小学校长提高班
2013年11月11日	首批广州市推进义务教育阶段特色学校现场会
2013年11月14日	福建省各市、区教育局局长交流考察团
2014年3月10日	第一期清远市清新区小学骨干教师培训班
2014年3月17日	第二期清远市清新区小学骨干教师培训班
2014年3月24日	第三期清远市清新区小学骨干教师培训班
2014年3月31日	全国中小学骨干教师、校长考察交流团
2014年4月11日	花都区德育副校长交流考察团
2014年4月15日	香港宝安商会温浩根小学、广东云浮市郁南县桂圩镇中心小学交流考察团
2014年5月8日	中国教育学会整体改革委员会调研组
2014年5月9日	广东省中小学校长培训班
2014年5月13日	福建省校长交流考察团
2014年5月22日	湛江教育交流考察团
2014年6月13日	乳源县教育交流考察团
2014年6月19日	广东省百千万人才培养工程小学名校长、名园长项目学员
2014年12月4日	惠东县小学校长交流考察团
2014年12月8日	广东省新一轮中小学校长任职资格培训班
2014年12月12日	南昌市湖坊学校交流考察团、佛山市顺德教育交流考察团

八、存在的问题及今后研究设想

1. 课题研究引发的思考

通过本课题的实践研究，我们取得了一点微不足道的成绩，但仍有一些问题有待进一步改进与深入研究。主要有：

（1）课题组成员虽然努力学习有关理论知识，但深感理论知识比较缺乏，知识储备不够，理论水平有限。当我们遇到一些对课题研究发展有重要作用的问题时，想通过研究加以突破，可在研究中不是被缺乏某一专业知识卡住，就是因缺少一定的理论知识指导或研究方法不当而放弃。

（2）如何利用学校现有教育教学资源提高校本课程开发的效率、如何加强与社会教育力量的深度整合，尚有待进一步研究。

（3）如何进一步适应学生、家长和社会的需求，开发实用性的"快乐的寻根之旅"校本课程，并形成系列、形成自己的教材，尚有待进一步研究。

（4）如何形成更为灵活和有效的校本课程评价机制，进一步凸显学校特色，尚有待进一步研究。

尽管在课题研究时遇到一定的困难和问题，但我们毕竟迈出了可喜的一步。通过这三年的课题研究工作，我们取得了一定的成果，积累了一定的经验，在今后工作中，我们要更加努力学习，进一步提高我们的教育科研能力和水平，为教育教学服务。

2. 今后的设想

（1）在本课题研究的基础上，发动教师开展更为具体的新课程研究，尤其要继续关注课堂教学有效性的提高，引领新课程实施进入更为深入的阶段。

（2）在行动研究过程中，较为缺乏深度的、系统性的教育教学案例研究，学校还需要采取一定的策略使教师们掌握更为丰富、多样的教育科学研究方法。

（3）学校承接校外课题的研究，对学校科研工作的推动是必要的，但这仅仅是外在推动。如果要保持学校科研的可持续发展，使之成为学校可持续发展的一个动力，应当通过课题研究的外在推动，唤起学校对科研的自觉和内在需求，使校外课题与校本课题有效整合，使课题研究周期性与校本研究经常性有效结合，使课题研究由个别人参与转变为全员参与。但如何建立能实现这些目标的科研工作机制，还需要进一步探讨。

在今后的工作中，我们将以此为起点，以更积极的态度投身校本课程研究，促进学生个性和学校特色的形成。相信在各位专家的指导下，我校的"校本课程资源开发与学校特色研究"一定会结出更加丰硕的成果。

中 篇

德育实践创新

——学校文化典范在体验中绽放

班级文化符号

德养之道　唯名与器

——礼敬中华优秀传统文化，构建班级文化符号的德育创新实践

党的十八大以来，以习近平同志为核心的党中央高度重视中华优秀传统文化的传承发展，始终从中华民族最深层精神追求的深度看待优秀传统文化，从国家战略资源的高度继承优秀传统文化，从推动中华民族现代化进程的角度创新发展优秀传统文化，使之成为实现"两个一百年"奋斗目标和中华民族伟大复兴的根本性力量。我校充分认识到中华优秀传统文化的教育力量，立足实际，以礼敬中华优秀传统文化为办学姿态，构建了具有中国味、中国魂的班级文化符号系统。所谓"名不正则言不顺"，正如《春秋左传·成公·成公二年》中记载："惜也，不如多与之邑。唯器与名，不可以假人，君之所司也。名以出信，信以守器，器以藏礼，礼以行义，义以生利，利以平民，政之大节也。若以假人，与人政也。政亡，则国家从之，弗可止也已。"几年来，班级文化符号的德育创新实践已经收到良好的效果，与班级文化建设、学校文化建设乃至家庭文化建设实现了融合与整合。

一、形成背景

本活动以礼敬中华优秀传统文化为姿态，以我校32年的办学历史为线索，以学生班级文化建设为载体，以班级辈分为脉络，以班级文化符号（班名）为标志，着眼于学生的全面发展，通过具有鲜明中华文化特色的辈分文化，让中华优秀传统文化在学生的心中实现精神的返乡、文化的寻根和心灵的洗礼；让优秀的家族文化和班级文化相结合，形成良好的集体主义；让学校辉煌的办学历史和优秀的中华传统结合，成为激励学生前行的动力；让充满期待的班级文化符号建设和学生的生活相结合，成为学生努力奋斗的方向。

1. 让中华优秀传统文化在学生心中实现精神的返乡、文化的寻根和心灵的洗礼

实现中华民族伟大复兴的中国梦，离不开在学生心中建立中华优秀传统文化的精神家园。习近平总书记多次讲"要认识今天的中国、今天的中国人，就要深入了解中国的文化血脉，准确把握滋养中国人的文化土壤"。学校的德育工作理应为今日的学生建立起精神家园，让它成为师生共同学习、一起生活、共同爱护的家园，让它成为孕育快乐、凝聚精神、升华人格的一片乐土。

2. 让优秀的家族文化和班级文化相结合，形成良好的集体主义

"盛世修志，家兴续谱。"家族群体是形成中华大一统局面的基础力量，家族文化则是中华大一统的思想基础，家族观念随同社会的进步而演化，在传统观念的基础上，进一步认同中国这一多民族国家，使中国传统家庭文化成为当代中华民族凝聚力的一种因素。这种凝聚力其实是对姓氏的重视，背后是对宗族、对血缘的一种认同，激励每一个家族成员都从家开始做起，齐家治国平天下。优秀的家族文化还有一个以祭祀、族谱和族训为核心的礼仪教化体系，这种礼仪教化在日积月累的日常生活中改变了成员的行为，陶冶了成员的情操，增进了成员的感情，凝聚了成员之间的力量。这种力量、这种情感、这种行为，正是当下我们班集体建设的目标，是形成良好集体主义的有效载体和强劲动力。

3. 让学校辉煌的办学历史和优秀的中华传统文化结合，成为激励学生前行的动力

俗语讲"水有源，木有根"。我们每个人都应该从中华优秀传统文化积淀中找到精神追求，树立我们独特的精神标识，这是中华民族生生不息、发展壮大的基础与前提。我校于1986年创办，当时条件艰苦，经过全体师生的艰苦努力，短短三年就成为当地小学教育的标兵，被命名为"市桥中心小学"，是番禺第一所被评为"广东省一级学校"的小学，在社会上引起了极大的反响。在30多年的办学历程中，全体师生继承并发扬这种优良的传统，一直保持良好的教育质量。在学校建校30周年之际，广大校友、退休教师等各界人士呼吁要对其办学历史、办学文化、办学经历进行总结提升，以便传承、光大和弘扬。最后由"校庆筹备小组"在征询退休教师、校友代表、学者专家、教代会意见的基础上，制定了学校前40年的班级辈分，见表1。

班级的文化符号及其辈分排序（1988—2027届），见表1。

表1

字辈	励	志	好	学	求	实	创	新
（毕业年）	1988届	1989届	1990届	1991届	1992届	1993届	1994届	1995届
（入学学年）					1986	1987	1988	1989
字辈	诚	毅	礼	敬	聪	慧	灵	敏
（毕业年）	1996届	1997届	1998届	1999届	2000届	2001届	2002届	2003届
（入学学年）	1990	1991	1992	1993	1994	1995	1996	1997
字辈	尧	哲	舜	睿	谨	择	楷	模
（毕业年）	2004届	2005届	2006届	2007届	2008届	2009届	2010届	2011届
（入学学年）	1998	1999	2000	2001	2002	2003	2004	2005
字辈	全	人	宏	愿	崇	本	守	正
（毕业年）	2012届	2013届	2014届	2015届	2016届	2017届	2018届	2019届
（入学学年）	2006	2007	2008	2009	2010	2011	2012	2013
字辈	允	执	其	中	尚	德	于	心
（毕业年）	2020届	2021届	2022届	2023届	2024届	2025届	2026届	2027届
（入学学年）	2014	2015	2016	2017	2018	2019	2020	2021

4. 让充满期待的班级文化符号建设和学生的生活相结合，成为学生努力奋斗的方向

有句话叫"行不更名，坐不改姓"，那么各班用不改变的班名的有吗？当下绝大部分学校用数字来命名班级，既不能体现优秀的传统文化，也不能体现班级的精神风貌，更加不能做到"永远不改变"！我们这个创新实践活动，把班集体当作一个家来经营，把班级文化符号当作感召师生奋斗的精神力量来看待。说到家，辈分是主要的精神标杆！辈分之中蕴含着中华民族独有的文化，辈分中一般都蕴含着美好的寓意，有的辈分按照五行的先后顺序排列，蕴含着道家天人合一的文化；还有的辈分中蕴含着这个家族的憧憬和愿望，如"精、忠、报、国""维、持、正、义""奋、发、有、为"等。我们的班级命名就汲取了这一宝贵的经验，如2012年入学的年级在学校的辈分是"守"，该年级六个班的班名依次是：守礼、守璞、守行、守学、守德、守志。有了这一感召，学生在教师的带领下，以班名所蕴含的意义为方向，努力学习、刻苦钻研。

二、实施过程

在实施这一德育创新活动时，我们始终以弘扬优秀传统文化来唱响传统文化教育主旋律，以班级文化为重点来筑牢传统文化教育主渠道，以学生为主体来拓展传统文化教育主动力，尤其是从2015年下半年以来，我校持续地开展此项工作。

1. 全程一主题：唱响传统文化教育主旋律

俗语有云：为人三个名，无号人不真。在我国古代，人有名、字、号三个名称标志，比如著名诗人苏东坡，东坡是他的号，轼是他的名，子瞻是他的字。在我国传统文化中，同一姓氏家族中的长幼辈分是可以从名字中清晰看得出的，比如明初朱元璋赐孔氏八个辈字：公、彦、承、弘、闻、贞、尚、胤，供起名用，到现在为止已知孔姓最小辈是"钦"字辈。因此，不少孔孟后人从其名字上就能看出其辈分大小。这一点不但孔姓如此，其他姓氏也是如此。姓氏中的辈分，体现长幼有序、精诚团结、血脉永传的优秀传统文化。我们学校正是基于传统文化中的辈分秩序，通过班级名字的确认、宣传、认同、践行来承传这一优秀文化。让每个班级拥有永远不变的名字，而不是一个只有一年生命周期的冰冷数字。

基于我们学校的办学历史、办学文化、办学特色、培养目标、校训校风、课程设置等，我们广泛发动师生、家长、专家以及历届校友参与，确定了学校前四十辈的秩序如下：

> 励志好学，求实创新；
>
> 诚毅礼敬，聪慧灵敏；
>
> 尧哲舜睿，谨择楷模；
>
> 全人宏愿，崇本守正；
>
> 允执其中，尚德于心。

这40字组成的四句话中，第一句"励志好学，求实创新"是我们的校训，第二句"诚毅礼敬，聪慧灵敏"是我们对学生成长的要求与期待，第三句"尧哲舜睿，谨择楷模"是把尧舜等圣哲树立为学生的人生楷模。第四句"全人宏愿，崇本守正"是我们的办学特色。实施全人教育，彰显在这30多年的办学历程中，不管遇到多大的困难，全体师生都坚守的"崇本守正"的基本立场。第五句"允执其中，尚德于心"是"中心小学"之所以成为"中心"的价值立场和办学哲学——遵循基本的教育规律不改变，始终把高尚的品德作为育人的第一追求。班级辈分贯穿一个主题，那就是让中华优秀的传统文化血脉在学生中永远流传，让学校成为学生永远的精神家园。

2. 全程三平台：筑牢传统文化教育主渠道

我们始终以优秀传统文化的传承作为班名建设的主旋律，并构建了全程实施的三大平台：班级文化、学校文化、家庭文化。班级的状态、生命追求、价值取向、文化底蕴、精神内涵是学校存在的价值折射，也是学校发展的基本载体，是学校文脉与血脉的自然延伸。我们的班级文化体现在班级形象（班徽、班级吉祥物）、班级精神（班训、班级价值）、班级凝聚力（师生关系、生生关系、家班关系等）、班级目标、班级制度、团队意识、班级文化活动中。班级文化的思想源泉是"快乐学习，健康成长"，班级文化的符号标志就是具有浓浓优秀传统文化味的班名。在班级文化建设平台建设的同时，我们还着力构建学校文化和家庭文化，使之成为我们全程渗透传统文化教育的三个平台。

3. 全程五举措：拓展传统文化教育主动力

有了鲜明的主旋律和良好的三平台后，我们通过学科渗透、实践体悟、主题活动、经典诵读、道德讲堂五个主渠道，并以此为实施的主要举措，增强了班名建设优秀文化教育的主动力。学校按照不同的主题，在全班级进行主题教育，开设经典诵读等特色活动，与家长一道组织学生到博物馆等地进行社会实践体验，同时结合文明城市建设广泛开展道德讲堂。

目前，不论是在校内还是在校外，不论是平时还是周末假期，都能看到高举着各自班旗的孩子在进行着各种主题突出、特色鲜明、内容丰富、效果明显的优秀中华传统文化传承活动。通过全体师生、广大家长和社会各界的努力，我们学校实现了社区联动、家校互动、学生主动、教师带动的良好局面，形成了课程建设、课堂教学、课本体现的有机结合，最终形成了五大举措相互促进、相互补充的理想状态。

三、实施效果

通过近三年持续不断的有效探索，区分度高、文化味浓、团体性强、归属感亲的辈分班级名称符号已经深入全体师生的内心。这个具有浓浓亲情味的班级名称也成为师生心灵世界的图腾，这些辈分班级文化符号成为全校师生的精神纽带和桥梁，引导学生、教师乃至家长向着这个共同家园进发。

成果一：班级文化符号得到广大家长的充分认可与支持

一位新生家长兴奋地向他的朋友讲：我孩子的班级有个特别的名字，那就是"执学班"；他们年级8个班有个共同的辈分，那就是"执"字辈。这是市桥中心小学给孩子的第一份礼物——这是孩子一辈子的身份符号，是他们永远的名字，是他们在学校历史中的一个精确的坐标，是孩子身上流淌着的学校文脉血液。

成果二：班级文化符号增强了学生对学校的归属感

学生骄傲地对家人讲：我们学校从班级名字就可以看出谁是大哥哥，谁是小弟弟。我们年级（注：该年级是2016年入学）的辈分是"其"字辈，分别有其智班、其才班、其美班、其妙班、其乐班、其悦班和其心班共七个同辈班级。"中"字辈的是去年（注：该年级是2017年入学）进入我们学校的，因为他们比我们晚一年，所以他们是小弟弟。"执"字辈的年级是2015年进校的，"允"字辈是2014年进校的，"正"字辈是2013年进校的，"守"字辈是2012年进校的，他们都是我们的大哥哥。当然最大的哥哥当数1986年入学的，那时我还没出生呢！

成果三：班级文化符号成为教师开展班级文化建设的有力抓手

"执学班"班主任周玉红老师讲：我们要学会做人、学会学习、学会生活，以"执谦、自信、勤勉、好学"为班训，学生要成为执谦自信、勤勉好学的阳光少年，用自己的行动来写好我们的班名"执学"二字。

四、突破性成绩（创新点）

我校近三年来，始终以唱响中华优秀传统文化为主旋律，以班级文化带动学校文化、家庭文化为主要路径，以学科渗透、实践体悟、主题活动、经典诵读、道德讲堂为渠道，大力开展此项工作，取得了一些令人满意的成绩，形成了突出的创新点。

创新点一：实现了中华优秀家族文化与班级文化建设的有机融合

中华优秀传统继承与发展的关键在载体的有效性、方法的针对性和主题的科学性。我校以优秀家族文化为切入点，将辈分与班级命名相结合，通过学科渗透、实践体悟、主题活动、经典诵读、道德讲堂五个主渠道，实现了突出顶层设计、强化导向性，构建课程模块、强化主体性，融合多元路径、强化合作性，进行文化浸润、强化整体性，开发实践活动、强化体验性，始终做到以学生为主体，以礼敬中华优秀传统文化为姿态，以集体主义为核心，使班级文化有生命，有个性，有学生味，有教育意义。

创新点二：奠定了学校发展的历史脉搏与主旋律

全校班级辈分秩序是学校33年发展历史的脉络，它清晰地记载着我们学校办学的艰辛，凸显了我校办学的追求，反映了我校师生良好的精神面貌和远大的理想抱负。班级文化符号既是我校的年段符号，又是我校的历史足迹，也是全校师生的精神皈依之所。

这是我校一条绵延不绝的历史长河，"励"有激励、磨砺之意，也表示该字辈的班级是我校第一届毕业生。这届毕业生是我校1986年创办时招收的四年级学生，于1988年毕业。"求"则是1986年招收的一年级学生，他们于1992年在我校毕业。按照这样的排序，"允"就是表示2014年入学2020年毕业的年级，这40字的辈分一直会排到2021年的"心"。2022年以后怎么办呢？对此，我校即将启动下一轮的40字的辈分咨询论证工作，以确保这条历史长河的延续。作为学校顶层设计，此项工作已经纳入学校的发展规划与办学章程，这样就从制度设计上保证了连续性和发展性。

创新点三：构建了具有鲜明个性和浓郁中华优秀传统文化特色的班级符号系统

全校所有班级形成了具有浓厚优秀传统文化意味的班级图腾——班级名称，并以此形成了班级文化系统。该系统构成要素为符号系统（班徽等）、理念系统（班级口号、文化等）、制度系统（班级制度）、行为系统（师生行为——学习、生活、交往等）。全校所有班级都要按照此系统构建自己的班级文化符号体系，从而带动班级、学校和家庭的和谐发展。

以"执学班"为例，按照班级的文化符号及其辈分排序，2015级是"执"字辈。2015年9月1日，美丽的初秋时节，"执学班"正式成为番禺区市桥中心小学这个温暖的大家庭中的一员。随着班级文化建设的不断深入，"执学班"逐步明确了以"班级任课教师、学生、家长"为共建主体、以"班训、班规、班风、班服"为中心，以"班级微信群、班级邮箱、学校公众号"为平台的班级文化共建方案，并设计出班徽和班级吉祥物。执学班从一开始就培养孩子为班级服务的意识，建立小班干轮换机制，将"小班长、小助手、体育委员、各科代表……"置于轮换机制之中，努力让每一个学生都参与到班级管理中来。同学们通过爱集体、服务同学的过程，提高了组织管理、沟通协调能力，也学会了换位思考，对小班干、教师的安排也有了更多的理解和认可，形成了执学班互帮互助、自主管理、热爱集体的风气。"执学"让大家紧紧凝聚在一起，师生真诚相处。教师用耐心、细心诠释着爱，尊重学生的天性，欣赏他们的主见，引导他们解决困惑；学生发自内心地爱老师、爱同学，更爱这个集体。

五、经验总结

我校以礼敬中华优秀传统文化为办学姿态，构建了具有中国味、中国魂的班级文化符号系统，形成了我校以辈分为载体，以构建的班名为文化符号的德育创新实践之路。

1. 突出顶层设计，强化导向性

在开展此项活动时，学校的顶层设计起着导向作用。学校成立的专门领导小组，把它放在学校工作的重要位置，使班级文化成为学校文化的有机组成部分，同时也让班级文化符号系统成为学校文化系统的重要载体。在制定班级辈分的时候，不但考虑学校的历史沿革，也考虑学生的年龄特征；不但体现中华优秀传统文化，也体现学校的鲜明个性。我校以校名（中心小学）的精神文化内涵"允执厥中，尚德于心"为核心，以此来统领全校前40个辈分。辈分排序表既是顺序表，也是基因图，是整个班级文化符号系统的核心，也是学校文脉展示的路线图。

2. 构建课程模块，强化主体性

课程是学校开展教育活动的主要内容和具体过程，是学校特色的根本载体，也是教育创新实践的舞台。通过对国家课程、地方课程、校本课程的有效重构，我校构建了学科渗透课程模块、非遗传承创新课程模块、主题教育课程模块、道德讲堂时政课程模块等多个课程模块，充分发挥了学生和教师的主体性作用。例如在《品德与生活》《品德与社会》的课程教学过程中，我们广泛发动学生参与家族历史的了解，让学生通过家族史来理解学校历史，认同和内化班级辈分的文化内涵，强化身份认同。在数学课程模块中，教师利用数轴这一数学语言，让学生理解辈分的先后顺序和长幼关系。这些课程模块的实施，以可参与性为原则，始终让学生主动参与、积极参与、快乐参与。

3. 融合多元路径，强化合作性

班级辈分文化符号建设是一个系统工程，除了学校的宣传教育外，家长的有效参与和主动配合也是关键之所在。为此，我们整合一切可以利用的资源，拓宽路径，体现了师生间的合作、班级间的合作、教师间的合作、家长间的合作、家校间的合作。尤其是在和家长的合作方面，我校以家长讲堂、家长讲师、亲子活动等方式，充分调动了家长的积极性和主动性，形成了我校工作的一道靓丽的风景。

4. 进行文化浸润，强化整体性

班级文化符号系统的构建工作和我校学校文化建设、课程教学实施、主题活动开展、家校合作等活动有机地结合在一起，形成一个有机的整体。我校以"允执厥中，尚德于心"作为统领，指导所有班级进行文化建设。班级文化建设又与班级活动、班级制度、班风班训等统一起来，实现了班级名称如同学生自己的名字一般，融入全校师生的日常学习生活中，浸润他们的心灵世界。

5. 开发实践活动，强化体验性

用体验式的实践方式来感受"班名文化"，可让我校学生更好地了解中国传统文化，更加深入地了解学校，更加深刻地热爱班级。全校所有班级在班级辈分秩序的体系中，通过主题班队会、亲子活动等活动形式来研究自己的班名，命名自己的班名，设计自己的班徽，确立自己的班风班训。这种自己确立的名字叫起来更亲切，自己设计的班徽看起来更可亲。在实际体验活动中，学生理解了辈分的重要性，体会到班名的感召性，激起了学生热爱学校、热爱班级、热爱同学、热爱祖国的自觉性和主动性，从而产生了以自己的班名为豪，以自己的班级为荣的身份认同！

"在宗庙之中，君臣上下同听之，则莫不和敬；在族长乡里之中，长幼内外同听之，则莫不和顺；在闺门之内，父子兄弟同听之，则莫不和亲。"关键是要"同听之"，同生团结，团结聚焦能量。以辈分为秩序的班级文化符号系统是"中心小学符号"。《乐记》有言，"奸声感人，而逆气应之"，"正声感人，而顺气应之"。只有正念才能生正气，只有正念才能产生正能量，我校每个班叫着自己的名字，产生了一种强烈的正念，形成了一股积极的正气，凝结了一种强烈的集体意识。在这种强烈正念、正气熏染下的学生，心中自然就形成了强烈的身份认同感。正所谓"大乐与天地同和，大礼与天地同节"。这种与学校、与师生、与历史之"同感"，既是我校"班名文化"的精髓，也是我校师生的基本思维方式。正是这种"同感性"，增加了班集体的凝聚力、师生间的向心力，也提高了德育工作的有效性和针对性。

德养之道，唯名与器。礼敬中华优秀传统文化，构建班级文化符号的德育创新实践是我校固本工程、铸魂工程、打底色工程，对于孩子的成长、学校的发展和民族的复兴具有重要的意义。"正人心以立国本，活民命以寿国脉。"我们将继续努力，让中华优秀传统文化成为学生心中永远流淌的血液。

附：

在校班级班名一览表

一年级（2017级）

1. 2017级中善班	2. 2017级中思班	3. 2017级中厚班
4. 2017级中德班	5. 2017级中知班	6. 2017级中书班
7. 2017级中达班	8. 2017级中礼班	

二年级（2016级）

1. 2016级其智班	2. 2016级其才班	3. 2016级其美班
4. 2016级其妙班	5. 2016级其乐班	6. 2016级其悦班
7. 2016级其心班		

三年级（2015级）

1. 2015级执仁班	2. 2015级执义班	3. 2015级执礼班
4. 2015级执善班	5. 2015级执学班	6. 2015级执锐班

四年级（2014级）

1. 2014级允博班	2. 2014级允骥班	3. 2014级允礼班
4. 2014级允乐班	5. 2014级允哲班	6. 2014级允承班

五年级（2013级）

1. 2013级正扬班	2. 2013级正博班	3. 2013级正道班
4. 2013级正励班	5. 2013级正贤班	6. 2013级正行班

六年级（2012级）

1. 2012级守礼班	2. 2012级守璞班	3. 2012级守行班
4. 2012级守学班	5. 2012级守德班	6. 2012级守志班

📖 参考文献

［1］人民网——理论频道（2017年2月13日）.

［2］习近平.中国共产党人始终是中国优秀传统文化的忠实继承者和弘扬者［J］.党建，2014（10）：1.

［3］李效民.中国传统家族文化的当代价值［N］.济宁师范专科学校学报，2005，26（4）：52-56.

［4］钱文忠.钱文忠解读百家姓［M］.南京:江苏文艺出版社，2013.

［5］《史记》卷23《礼书》.

《今日关注》

"德育微课程《今日关注》的研发与实施"
研究报告

微课程《今日关注》起始于2011年，它的前身是学校行政在周一升旗仪式后对德育管理工作的总结。而后，总结主要阵地从操场转移到教室，教育过程分解到班级，教育者从行政转变成教师、干部甚至学生。形式上，由说教转变为图文并茂的引导，增添直观的认识和诗意的感受。内容上，结合校本教材开展《读经诵典》教学、"校园之星"评选、"班级风采"展示，培育和践行社会主义核心价值观，将单一的常规工作变成了多元的微课程。"德育微课程《今日关注》的研发与实施"荣获广州市第三届中小学德育创新奖一等奖（见图1）。

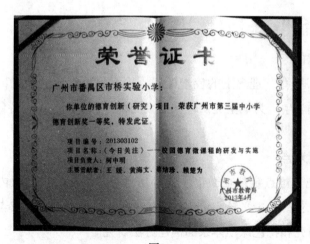

图1

一、研究的意义

1. 基于改变德育现状的需要

德育工作实践中，发现了一些存在的问题，如反馈滞后，内容单一，信息失真，受之者众但效果低等等。归根结底，是由于时间得不到保证、空间狭小、方式方法单一、缺乏系统性和科学性等。只有改变现状，使德育定时、定点、定向，才能让学生具有"定力"。

2. 基于落实学校教育理念的需要

学校提出的"根教育"的办学理念，崇尚生命的自由快乐，力求为学生的终生幸福奠定基础，涉及改变观念、创新方法、拓宽渠道等内容。要落实该理念，必须探索出"根教育"模式下的学校德育新路径。

3. 基于新时期育人的需要

随着时代的发展进步，教育须与时俱进。微课程本身就是一个具备新时代特征的产物。其区别于传统课程的地方就是既能以短小精简的内容更高效合理地安排教育时间，又能以图文并茂甚至加上声音的组合创新形式，更能与信息技术平台紧密结合。这显然更符合信息传递科学化的特点，更符合现代教育需要走向信息化的现状。

二、研究内容

1. 研究目的

基于"根教育"理念下的校本课程，探索出可借鉴的模式，实现从管理学生走向引领学生、为学生提供转型升级的舞台，并形成德育特色品牌和社会影响力。

2. 研究重难点

研究组把重难点定位在微信平台等信息技术手段传播课程内容的运用研究、培育和践行社会主义核心价值观工作的校本化研究、学生参与课程建设和实施的模式研究和特色课程体系的构建方法研究。

三、研究的创新点

本研究有五大创新点，归纳为"五新"。

1. 立足于"今日"，内容新

课程教材紧扣"培育和践行社会主义核心价值观"主线，有针对性地围绕"爱国""诚信"等关键词安排。比如，《读经诵典》栏目均是古代经典中阐述的"仁义""知礼""守信"等方面的内容；《今日大事件》栏目，从"神舟"升空到"蛟龙"深潜，从人民群众在和平纪念碑前的悼念到习近平总书记关于民族复兴的讲话摘要，图文并茂。

2. 立足于"学生"，主体新

实施过程中，成立了小记者编辑组、采拍组，动员学生积极提供素材。还采用项目招标、文稿征集等方式，用学生的眼睛去寻找、去发现，为他们提供展现才华的舞台。至2015年底，已实现大部分教材内容由学生采拍、编辑，使学生真正成为课程实施及学习的主体。

3. 立足于"传播"，形式新

课程很好地利用了现代信息技术和多媒体网络平台、微信平台，将以往单一的话音变换成图文并茂的课程内容，将生活事件以影像的方式保留，通过班级多媒体平台再现，使爱教育的学生能收到比语言传播更生动、更形象、更保真的效果。2014年开通微信公众号后，将课程内容发送到微信平台上，让关注学校的学生和家长都能通过手机微信随时随地进入课程内容。

4. 立足于"生活"，理念新

课程内容包括月饼捐赠、学雷锋义卖、慰问孤寡老人等，都是从生活中来的学生关心的素材，具有很强的即时性、针对性。学生在接受教育的时候不会有陌生感，这有利于产生共鸣，增强德育课程的吸引力，更利于学生健康积极的心态和良好的道德品质的培养。

5. 立足于"微小"，形式新

就现状而言，学校德育急需时间短、内容精、有系统、讲科学的课程。此课程教材每个栏目的设置以1幅图配200字左右的文字解说或多幅图配50字内的解说，每天用10分钟时间开展，短小精致，符合实情。

四、研究的收获

在研究中，学校初步构建起德育方法体系的基本框架。教师育人意识增强，变得更有亲和力；班级管理能力提升，并通过自己的言行影响和熏陶学生；耐心地捕抓教育的契机，使学生的思想道德修养在耳濡目染、潜移默化中得到提升，精神世界变得更加丰富、充实。同时，学校积攒了具有学校特色的德育校本教材编写经验，促进了学生的全面发展，为学生的成长奠定了坚实的基础，也受到各界好评。

人人都是升旗手

"人人都是升旗手"课程的再构建与实施

——培育和践行社会主义核心价值观的实践探索

活动是德育工作的重要抓手，课程则是活动深化的必然形态。在活动的基础上，探索知与行的统一，完善课程的构建与实施，发挥课程在学校德育工作中的重要功能，有利于学校德育品牌的打造，有利于学校师生正确价值观的形成。

再度构建"人人都是升旗手"校本课程，是我校深化德育工作的重要举措，是国家教育课程改革的需要，也是跟随现实教育发展前行的必经途径。相关荣誉证书如图1、图2所示。

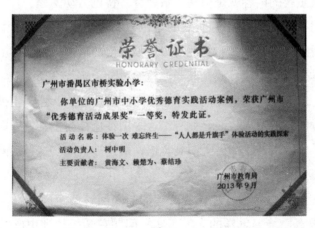

图1

图2

一、课程再构建实施的背景

近年来，我国德育理念研究取得了较大进展，这些理念都"更加重视彰显人的主体价值和生命意义，突出德育的生活化、人本化和情感化，强调道德主体对道德的理解、体验、构建与践履"。

市桥实验小学积淀并生成了"根教育"的办学思想，引导学生"做有根的现代中国人"，致力于营造学生生命成长的良好环境，在学生精神世界播撒种子。其中最重要的内容就是构建"根教育"特色活动课程。

"根教育"对德育工作有明确的定位，它要求重视在实际生活中养成学生的德行，通过开展各种多彩的活动，增强学生的道德体验，丰富学生的精神世界，提升学生的道德境界，尤其要注重通过种种实践途径影响学生的情感、情趣和情操，影响学生对世界的感受、思考和表达方式，让学生拥有远大的人生理想、执着的精神追求，最终拥有符合中国特色社会主义发展需求的核心价值观念，让学生的精神生命由无明到觉悟，最终被唤醒。这种唤醒，可以让学生的生命力得到更好的提升。

要构建"根教育"的特色课程，首先需要回答两个问题：什么是"根教育"？"根教育"培养怎样的人？其实，问题在学校校训中已经有了答案。从学校校训"做有根的现代中国人"中可以看出，我们学校的目标是培养适应社会发展需要的现代人，同时又要培养有着一颗中国心的人。一个合格的现代人，需要具备诚信、友善、尽责等优良品质，这些品质是一个人得以受到尊重的基础，也是维持社会和谐发展的关键。一个合格的中国人，他必须以自己的祖国为荣，以承担中华民族伟大复兴的历史使命为己任，这种爱国情怀是他为人的根本。从"先天下之忧而忧，后天下之乐而乐"的范仲淹到"死去原知万事空，但悲不见九州同"的陆游，从"虽九死其犹未悔"的屈原到"待从头，收拾旧山河，朝天阙"的岳飞，从"驱逐鞑虏，恢复中华"的孙中山到"为中华之崛起而读书"的周恩来……"爱国"二字贯穿了中国上下五千年的历史，是我们名副其实的"根"。因此，"根教育"就是民族教育，其最深的"根"就是中华民族的精神和文化。教育学生"做有根的现代中国人"，就是要培养具有民族意识和素质的现代人。这个"根"虽然蔓延深广，但核心还是要热爱我们伟大的祖国。

因此，要在"做有根的现代中国人"校训的指引下，构建有"根教育"特色的课程体系，爱国教育课程就自然而然成为其中的重要内容。我们构建"人人都是升旗手"课程，就是在这一背景下的必然选择。

二、课程再构建实施的理念

贯彻党和国家的教育方针，遵循科学的教育理念，落实学校的教育思想，是本课程再度构建及实施的基础。

1. 培育爱国情怀，增强民族凝聚力

《中共中央国务院关于进一步加强和改进未成年人思想道德建设的若干意见》（以下简称《意见》）中指出，要"深入进行爱国主义、集体主义、社会主义和中华民族精神教育"，"从增强爱国情感做起，弘扬和培育以爱国主义为核心的伟大民族精神"。

《国家中长期教育改革和发展规划纲要》（以下简称《纲要》）指出，"立德树人，把社会主义核心价值体系融入国民教育全过程"，"加强以爱国主义为核心的民族精神和以改革创新为核心的时代精神教育"。

党的十八大报告《坚定不移沿着中国特色社会主义道路前进　为全面建成小康社会而奋斗》中明确指出，要"推动中国特色社会主义理论体系进教材、进课堂、进头脑。广泛开展理想信念教育，把广大人民团结凝聚在中国特色社会主义伟大旗帜之下。大力弘扬民族精神和时代精神，深入开展爱国主义、集体主义、社会主义教育，丰富人民精神世界，增强人民精神力量"。

本课程的设计就是以国家教育方针为指引，以升旗手培育活动为载体，对学生进行爱国主义教育，让学生认识到认真履行升旗手职责就是爱国的表

现，让他们在成为光荣旗手的过程中得到自我完善，得到自我肯定，激发他们内心的爱国情感，增强民族凝聚力。

2. 践行平等原则，增强课程生命力

"人人"这一概念指的是课程实施对象是全员，意味着每一个孩子都是课程学习的主体，必须参与到课程中来。从学校2010年明确提出"与其听六年，不如秀一次"的要求起，我们就确立了一个核心的目标，那就是"关注每一个孩子，关爱每一个孩子，为了每一个孩子，让每一个孩子受益"。这是对教育平等最朴实的解释。也只有这样，才能提升课程的生命力，使其成为每一个孩子渴望接受的教育。

我校以前的升旗仪式课程，每周固定由大队辅导员主持，由校国旗队4名学生升旗，由教师在国旗下讲话进行教育。一个学年下来，真正参与到课程中的学生只有寥寥十几人。2008年，我们开始将"每周一星"表彰仪式与此结合，改为大队长主持、校国旗队8名学生护旗升旗、各班评选出"每周一星"轮流成为升旗手，参与人数上升到每学年40人左右。2010年，我们推出"争当光荣升旗手"活动，在4～6年级每班建立固定的国旗队，每周一升旗仪式的1名主持人、8名护旗升旗手、1名国旗下讲话学生全部由一个班负责，参与人数达到180人。2012年，结合之前的实践经验，经过再次的研究，我们将这项活动改为"人人都是升旗手"，让我校每个学生在毕业前都能真正地成为这项活动的主体。活动要求各班每次主持升旗的主持人、护旗手、主讲人必须采用轮换制，每周参与体验人员达到10名，参与人数达到每学年360人左右，并且逐年递增。

至此，升旗仪式课程真正地开始面向全员，成为我校践行教育平等核心观念的有力举措。

3. 运用体验手段，增强主体内驱力

朱小蔓教授认为，多元社会中，人类的生命意识在凸显。道德教育应从机械论走向生命论。学校德育必须回归学生的真实生活，关注个人的生命经历、感受与体验。

以杜威的教育思想为代表的进步主义思潮，将教育的中心彻底地转向儿童和儿童的经验，强调了经验的亲历性和真实性；以布鲁纳的教育思想为代表的"发现学习"和"探究学习"，强调了儿童学习的内在过程、内在构建。在心理学领域，以马斯洛、弗洛姆、罗杰斯为代表的人本主义心理学家建立了体验论等重要的理论基础。

一般的升旗手培育课程，往往只是将有限的学生作为主体，其余大部分学生的主要任务是观看。虽然这也算是接受了课程的教育，但仅仅是其中很少的一部分内容，效果实在是不理想。只有当学生成为参与教育的主体、成为活动的体验者，教育的效果才能最大化。

让所有的学生有一个展示风采的平台，让所有的学生有一个属于自己的庄重的升旗仪式，让所有的学生都有一个成功的体验，以此增强学生不息向上的内驱力。

4. 依托现实生活，增强德育影响力

陶行知先生曾经说过："没有生活做中心的教育是死教育。" 南京师范大学道德教育研究所教授孙彩平则认为，道德教育回归生活可以降低儿童融入的文化门槛，回归生活的课程在"内容之间呈现出一种相互融通的、开放的状态。而这种融通和开放，让学生非常容易将课程内容扩展到自己已有的生活与认识经验中"。因此，"立足生活""以学生生活为中心"也就成为本德育课程有效性的出发点。

通过课程实施，学生的生活经历变得丰富多彩，这些经历是他们原来只能想象的：部队国旗队的教官，是活生生的军人，是他们从电影电视中不断模仿的对象，如今成为身边可以亲切对话的良师益友；高挂旗杆顶端的五星红旗，是他们平时只能瞻仰的标志，如今成了他们手中可以一遍又一遍抚摸的"伙伴"；承载着英雄的历史纪录片，是他们日常生活中不会出现的客人，如今他们可以到队部室和同学们一同观赏；当着全校师生的面，享受着全场注视的目光，由家长亲自授予他们"光荣升旗手"的绶带，这是他们从前只能羡慕的场景，如今，他们成为名副其实的升旗手……这些，都是他们学习生活中的一个个鲜活的事件。

这门课程看似寻常，但内涵深刻。它贯穿学生的整个学习生活，让那些原来遥远、冰冷的内容变成伴随他们成长的音符，让高高在上的"爱国"二字走进了他们的成长世界。他们也许从此学会愉悦、主动地关注身边的一切，学会反思生命成长过程中的道德问题，学会在主体道德的实践中展现人性的光辉、获得人生价值的肯定。可以说，这门课程使德育从此不再可有可无，反而散发出它巨大的影响力。

三、课程内容

我们把"人人都是升旗手"实践课程分为认知篇和体验篇两大板块。

1. 认知篇

第一课：我做光荣升旗手

以集中培训的方式进行课程意义的解读，指引学生明确学习的方向，了解学校对他们的期待，激励他们认真学习、奋发向上。

第二课：我与家长共成长

通过亲子填写申请书的形式，让家长参与到教育中，明确自己的任务，帮助孩子树立热爱祖国的思想。

第三课：五星红旗的诞生

通过观看文献纪录片《五星红旗》的方式，加深学生对国旗的了解；同时，让中华人民共和国的成长历程成为学生生命中可触可摸的具体认知。

第四课：一同走进《中华人民共和国国旗法》

通过学生论坛的方式，将《中华人民共和国国旗法》中的关键内容展现给学生，为他们具体体现爱护国旗的行为提供明确的指引。

第五课：我对祖国知多少

通过知识竞赛的学生活动形式，强化学生对前面培训内容的学习。

第六课：我爱我的祖国

通过讲座阐明祖国对每一个人的重要性，让每一个学生认识到国家所给予的关怀；通过练唱国歌、拟写升旗手就职宣誓的形式，激发学生内心情感，培育学生热爱祖国的社会主义核心价值观念。

2. 体验篇

第七课：让国旗庄严起来

通过集中培训一周与分散训练三周的实践练习，开展系统动作培训，使出旗、接旗、安旗、解旗、展旗、升旗、降旗等16个基本动作形成规范，成为学生的基本技能。

第八课：升旗准备进行时

通过教官考核的形式，做升旗前的最后准备。

第九课：今天我是升旗手

现场升旗，邀请家长为学生佩戴"光荣升旗手"绶带并观礼。

第十课：国旗在心中飘扬

通过学生家长同写升旗观礼感受的形式做活动总结，通过评优表彰、全校回顾、宣传报道等形式升华情感。

四、课程的具体实施

1. 课程实施目标

知识与技能：学习国歌、国旗等相关知识，了解祖国的建设历程。能正确地唱国歌，掌握规范的升旗流程与技能。

过程与方法：能坚持完成阶段性的训练，通过努力争取在毕业前承担至少一次全校性的升旗任务，每天履行升降旗职责。

情感态度价值观：懂得国旗是国家尊严的体现，能够产生终生铭刻的记忆，加深爱国主义情怀，形成热爱祖国的核心价值观念。

2. 课程实施对象

全体在校学生。

3. 课程实施策略与时间保障

以班级轮换负责制为主要策略，各班在第一周选出本学期参与培训人员。认知课程由大队部安排在班会、午训时间进行集中培训，部分内容延展到各年级班队会。实践体验课程第一阶段在开学第三周前由大队部组织集中培训一周，之后课程由大队部指派每队一名小教官带领大家在每天上午7：40至上午8：10分、下午5：00至下午5：30进行练习。轮到的班级旗手在周一进行现场升旗。

4. 课程实施监测

成立课程实施领导小组，组长由柯中明校长担任；副组长由黄海文、赖楚为担任；成员为各个行政人员。制订实施方案。课程主管部门为德育处，负责制定实施细则。执行部门是学校大队部。课程日常监管人员为各中队辅导员。

5. 课程实施评价

本课程的评价主要从三方面着手。

（1）学生自评

认知课程设培训记录表，以完成培训全部内容为达标。实践技能部分由学生教官考核评价。

（2）家长评价

家长填写反馈表，提交学生参与课程后各方面的提升情况。

（3）学校评价

根据学生自评与家长评价情况，对参与课程的学生定时进行表彰。每学期评出50名优秀旗手，颁发奖状。将升旗展示与学校先进班评比相结合，有效地保证实施效果。

6. 课程实施阶段规划

（1）准备阶段

① 各班于学期初按要求上报本学期班级光荣升旗手名单（共10人，其中护旗手4名，升旗手4名，主持人1名，国旗下讲话1名。原则上不得与已参加名单重复）。

② 将编写的教材、选择的影片、动作规范要领制作成相应的材料和课件。

（2）体验阶段

① 第一至第三周：大队部组织两周时间的统一培训。

② 第二周：下发申请书，由家长指导填写。

③ 从第三周到期末：各中队辅导员负责组织日常训练，大队部为每班指定一名原校国旗队的旗手作为小教官。每天早上7：40至8：10分，下午5：00至5：30，学校开放广场、跑道、升旗台作为训练场地，由各班升旗手自行练习。

④ 德育处提前一周对训练情况进行审查，确保旗手、主持人、主讲人发挥应有水平，展现出良好精神面貌。

⑤ 大队部提前一周下发邀请函到旗手家长手中，邀请家长亲自参加仪式。

⑥ 主持升旗：主持人宣布仪式开始，并对每一位旗手进行光荣升旗手介绍。随后家长为自己的孩子佩戴"光荣升旗手"绶带并与其合影留念。合影后，家长列队立于一侧观礼，旗手出国旗、升国旗，校管乐团奏乐，全体师生及家长共唱国歌。

⑦ 升降旗：周一至周五的清晨和傍晚，值周的学生轮流履行升降旗职责，大队部对此进行评价。

（3）总结阶段

仪式结束后，由各班对旗手及家长进行回访，并将家长和旗手的感受收集整理成册。将活动过程拍摄成录像及照片，并在校本德育微课程《今日关注》中进行报道。各班于周二中午组织回顾。

五、课程实施的效果

课程普及面广，影响大，受到广泛赞誉。实行至今，已有近800名孩子参与课程学习。按计划每学年增加体验的学生人数有300多人。课程开展以来，学生参与的积极性很高。学生内心产生对国旗、对升旗仪式以及对祖国的认同感，实现爱国主义思想的内化，并在队列、纪律等常规的自我约束方面有所进步。就像五（5）班的煜正同学在旗手感言中写道："如今我成了一名光荣的升旗手，我会认真履行自己的神圣职责，使五星红旗变得更加鲜艳。"课程同时还受到参与体验的众多家长的赞赏。何希文同学的爸爸写道："升旗仪式是进行德育教育的主阵地，也是很重要的爱国主义教育形式，市桥实验小学很好地利用了它。"吴婕同学的家长则说："感谢市桥实验小学给了我女儿这样一次锻炼自己的机会。""教育部——中国移动影子校长培训工程""农村校长助力工程"等的几十批校长及许多到我校跟岗交流的教育界同行在参与活动后也对此表示肯定。来自江苏的朱校长表示："升旗仪式我们也举行，不过都是由校国旗队的孩子包揽了。这样让每一个学生都参与体验的做法是值得我们学习的。"

2013年，广州市少先队队刊《都市人》对此做了介绍。我校根据课程实施情况撰写的案例，荣获2013学年番禺区优秀德育实践活动案例评比一等奖、社会主义核心价值体系优秀教育案例评比三等奖。2014年，《岭南少年报》也就此课程做了整版的报道。课程活动总结报告发表在《新课程学习》2014年第35期。

六、课程的创新之处

1. 理念创新，培育和践行社会主义核心价值观

2013年12月，中共中央办公厅印发的《关于培育和践行社会主义核心价值观的意见》明确提出，以"三个倡导"为基本内容的社会主义核心价值观，与中国特色社会主义发展要求相契合，与中华优秀传统文化和人类文明优秀成果相承接，是我们党凝聚全党全社会价值共识做出的重要论断。它从国家、社会、个人三个层面做出了明确的解析，而"爱国"正是个人层面核心价值观

念的基础。在全社会积极响应并全力培育和践行社会主义核心价值观的大背景下，进一步完善相应课程的建设已经刻不容缓。

所以，为更好地培育和践行社会主义核心价值观，本课程在理念上做了如下创新：

一是将原本的升旗仪式活动课程化，让单一的活动成为课程。这一改变使得教育的内容更有针对性，也更具系统性，各个内容环节间不再是割裂的，而是相互依靠、相互影响、相互促进的。

二是将课程向每一个学生开放，践行平等原则。这一理念使得课程对象范围得以拓宽，不管学习成绩是否优异，也不管纪律情况是否理想，学生都要参加这一课程，都能有展示风采的机会，都能有亲近国旗的机会，都能有提升的机会。让每一个学生都能受益，这是教育公平最朴实的体现，也是践行社会主义核心价值观的最佳体现。

三是以体验为手段，增强主体内驱力。这一做法使得绝大部分的学生由旁观者变成参与者，由原来的思想灌输变成体验感知；在遵循学校"与其听六年，不如秀一次"方针的同时，打破固有形态，让众多学生实现自己的"升旗梦"；让担任"光荣升旗手"的学生在"认真学习—努力训练—实现梦想"的过程中，得到爱国思想的进一步熏陶，在心中种下"中国梦"的种子，留下难以磨灭的印记；让课程三维目标中的"情感态度价值观"有更好的达成途径、更科学的提升教育的效果。

四是以生活为依托，增强德育的影响力。将德育内容与学生的生活紧密联系起来，让生活事件成为触发学生道德情感的纽带，使得德育不再是遥远与陌生的历史。让爱国主义教育走下"高、大"的"圣坛"，走进每一个学生的心间，也走进每一个学生的生活，让"爱国"不再只是心中的远大信念，而是生活中一言一行，从而增加德育的影响力。

2. 结构创新，构建"根教育"理念下的"根本"课程

"根教育"是我校近年提出的教育思想，而其最终还要靠课程来支撑。课程的结构调整就是其中重要的一环。

从课程类型方面来看，就大部分学校的现状而言，完成国家课程是工作的主线。这些课程更多是语文、数学、英语等学科课程，重心在完善学生的"知"。但从教育的根本任务而言，塑造学生的思想使之外显成为符合社会要求的"行"，还需要地方课程尤其是校本课程来填补。这些课程，不能再是单一的知识类课程，而更应该多些活动课程。我们构建的"人人都是升旗手"就是这样的课程。

从课程内容方面看，其作为一项爱国主义教育课程，前期更多的内容强调技能体验，成效虽有所提升，但在"爱国"的认知上的体现仍有不足。而将原有的升旗手课程重新构建，在原来完全是实践活动的课程中增设认知篇，增设"我做光荣升旗手""我与家长共成长""五星红旗的诞生""一同走进《国旗法》""我爱我的祖国""我对祖国知多少""我爱我的祖国"等内容，将两者结合起来，则可以使学生知有据，行有依，实现"知行合一"，使教育效果得到明显的提升。

更重要的是形成了"根教育"品牌下特色课程的基本结构，为形成"根教育"下的特色课程模式提供了可借鉴的经验。

3. 形式创新，为提升德育工作实效寻找到突破口

在《国家中长期教育改革和发展规划纲要》中提出了"创新德育形式，丰富德育内容，不断提高德育工作的吸引力和感染力，增强德育工作的针对性和实效性"的要求。本课程的设计，在考虑理念与结构的同时，也兼顾形式的创新性。

在实施上，我们确定了"理论培训提高认识—实践训练加深体验—庄重仪式强化情感—反思宣传内化品质"的基本框架，用活泼的知识竞赛形式完成《国旗法》及祖国概况等内容的学习，用影片观赏的形式展开革命历史的教育，用主题讲座的形式明确学生对课程的理解，用家长指导孩子写申请、为孩子亲手佩戴"光荣升旗手"绶带、一起唱国歌观升旗礼等各种形式提升学生的荣誉感，用书写申请、接受采访、训练评比等形式增强学生个性的自我塑造……完善学生对生命的理解，使教育意义得到明显的加深。

这样的结合，也引导了家长成为孩子成长的伙伴，激发他们督促孩子进步的热情，让他们成为学校教育的有力支持者。让学校教育和家庭教育变得相互支持、相辅相成，使教育的合力得到增强，使德育的实效得到提升。

七、总结

每一个孩子参与课程的过程，是他获得肯定的过程，也是其展示自我、张扬生命风采的过程。当他们把庄严升旗这种热爱祖国的行为作为自我实现的途径时，就会在体验中理解、感悟，无形中把前面所学到的爱国主义知识进行融合，加深热爱祖国的感悟，生成爱国情感。而这种教育往往比我们一遍遍说教要有效而持久。

可以说，"人人都是升旗手"课程重视生命个体的内心体验，尊重、善待学生的主体性、差异性和独特感受，触动了学生的内心世界，激发了学生的爱国情感，引导学生积极向上，为爱国主义教育开辟了新的路径，提高了德育的实效，让学生一次体验、终生难忘。

下 篇

德育感悟凝练

——"全人教育"理念在思索中前行

创建"全人教育"特色学校的措施与路径

前 言

南方有水，珠江最浩。钟灵毓秀，市桥中心。始建于1986年的市桥中心小学（原名北城小学，于1988年更名为市桥中心小学），由于办学业绩突出，迅速成为番禺区小学教育的旗帜，并在1994年成为广东省第一批省一级学校。

芬芳无语传南粤，桃李不言自成蹊。这是一所有教育理想的学校。秉承着"中心，为儿童而存在"的办学理念，在三十三年的沧桑岁月中，全校教师不忘初心，遵教育之本真，怀爱生之情怀，聚家校之共识，扬博学之精神，育社会之栋梁，担国家振兴之重任，圆民族辉煌之夙愿，筚路蓝缕，砥砺前行，培养了一批又一批基础扎实、素养全面、人格健全的学子，在人才培养、教学科研、课程改革、文化传承等方面取得了辉煌的成绩，为教育事业做出了应有的贡献，成为番禺区教育改革辉煌成绩的参与者与见证者。

嵯峨禺山纳日月，浩荡珠江耀光华。时代的列车进入21世纪后，学校在"上品教化"教育理念的正确指引下，潜心教育教学改革，造就了一大批国家、省、市名师，也创造了市桥中心小学的新高度，与番禺区的教育同行一道创造了番禺教育的新辉煌。

今天的市桥中心小学，已经成为国家级领航基地，成为家长赞誉、同行尊重、社会认可的南粤名校。却依然，为儿童而存在。

校名中有"中心"二字，意味着它必然是区域内小学教育的排头兵，是当地教育的窗口，有着重要的"中心"地位。在学校办学处于发展瓶颈期的时候，我的到任意味着将面临巨大的压力和挑战。因此，对学校品牌的重新认识和进一步传播，我必须以清醒的认识做导向；对于"中心"品牌的内涵，我必须以优异的办学业绩做支撑。

为此，我把办学的品位定位在"外师造化，中得心源"八个字上。其中的"造化"原指大自然，在此引申为学生的本真状态，学校存在的原生态。"心源"即内心的感悟、境界。就是说我们中心小学的学生由本真走向全面发展，学校由平凡走向优质，这一转化过程不是自然而然的，而是全校师生全面发展的结果。

厚实的办学积淀，是教育前行的坚实动力。依托之前的经验，我深思熟虑，集思广益，最终确定了实施"全人教育"的新战略。正确的办学思想引导正确的办学行为。全人教育汲取着专家、同行的教育智慧，在前人的肩膀上，已经触及育人的本质，有了实质性的发展。

一、立足儿童本位，以全纳教育为基础实施全人教育，实现办学思想主题化

要遵循教育的基本规律和人的发展规律，适应新的社会发展形势，培养能适应未来社会发展和自我健康发展的人，也就是要培养全面发展的人，简而言之就是"全人"。

要始终把儿童放在学校中心，学校的舞台中央永远是学生。我们学校门口屹立着一颗茂盛的大榕树，全校师生已经把它作为心灵的图腾。在我们的办学意境中，它象征着学校要培养的基础扎实、全面发展、顶天立地的人。树干的粗壮与树冠的茂盛全赖树根的深和广，它寓意我校的教育工作扎根在学校深厚的文化、丰富的课程基础之上。树冠是人的大脑形状，表示学校教育的立场是基于人的本性、个性与特性之上的因材施教。

帮助学生全面发展，是我从事教育的起点，也是我从事教育的终极目标，更是我的教育价值观。我以全纳为教育姿态，以全课程的实施、全员的参与、全环境的整合来给师生营造七彩的阳光。七彩的阳光洒落在伟岸而茂盛的大榕树上，和煦的清风轻拂每一片小叶子，一个个小精灵在微风中舞蹈、在阳光下成长。全人教育理念下的孩子都有一双清澈的大眼睛，他们用最纯真、最明亮的眼睛观察世界；他们有善于倾听的耳朵，善于倾听同学最悦耳的笑声；他们有天真的笑容，能时常开怀大笑；他们有强健的身体，能接受生活的挑战。他们还有良好的习惯、健全的人格、纯洁的灵魂。他们是健康的、快乐的，他们更是优秀的！

立足儿童本位，以全纳教育为基本的教育姿态，实现全人教育思想主题化。在这样的办学思想指导下，我们学校创造了一种全纳的氛围，在这种氛围中，每个人受教育的权利都有充分的保障，学校欢迎每一个人，每一个人都属于中心小学这个大家庭。在这个大家庭里，我们平等地对待每一个学生，在我们的世界中，每一个学生都是不同的，都有各自独特的特性、兴趣、能力和学习需求。这些差异不但没有成为歧视和排斥学习或行为有问题的学生的理由；相反，我们更关注他们，提供适合他们的学习条件。在教育的实践中，我们非常注重每一个孩子的积极参与，每一个人都是中心小学的主人。我们创造条件，开设各种活动，让全校师生以主人公的身份参与学校的相关决策和实践，让中心小学成为一个人人参与的"民主社会"。教师与教师之间、学生与学生之间、教师与学生之间、教师与家长之间、家长与学生之间以及教师与社区之间都是合作的关系，共同创建全纳的氛围。我们确立了与全纳教育思想相一致的课程教学观——学校的课程设置为每个学生独特的特性、兴趣、能力和学习需求而服务。课程应该适应学生的需要，而不是让学生去适应课程的需要。因此，我们必须根据学生的不同特性开展多样化的教学，满足学生的不同需求。

1. 全人教育的办学思想以全面发展为目标，以立德树人为历史使命

日本教育家小原国芳提出，理想的教育应包含人类的全部文化，理想的人应是全人，应具备全部人类的文化，即培养真（学问）、善（道德）、美（艺术）、健（身体）、富（生活）全面发展的人。中心小学在全球化时代的大背景下，立足传承中华优秀传统文化和实现中华民族的伟大复兴这两个时代命题来思考当下的教育——实施素质教育，落实立德树人，培养全面发展的人，这是全人教育的价值命题。全体教师在守住教育之根本的同时，工作中不仅要注重知识的传授和技能的习得，而且要使学生在身体、智力、道德、批判性思维、创造性、精神和价值操守等方面都得到发展。在逐步推进工作的过程中，全体教师牢固树立全纳的教育姿态，学校实现全课程的覆盖，达至全资源的整合，促进全员的参与，构建全程的管理。就其教育目的而言，"全人教育"把教育目标定位为在健全人格的基础上，让个体生命的潜能得到自由、充分、全面、和谐、持续发展。简而言之，就是让学生扎下德性之根、智性之根、体性之根和美性之根，成为一个具有止于至善的德性、灵心慧性的智性、心雄体壮的体性和才望高雅的美性四个基本特质的"全人"。

培养什么人，怎样培养人，是教育的根本问题和永恒主题。我们实施的全人教育，就是中心小学的回答。我们的办学核心使命与十八大报告中对教育的期待是一致的——"把立德树人作为教育的根本任务，培养德智体美全面发展的社会主义建设者和接班人"。这也是我们学校教育改革发展的方向。

全人教育不仅传授知识、培养能力，同时还要把社会主义核心价值体系融入学校教育体系之中，引导学生树立正确的世界观、人生观、价值观。全人教育办学思想，不仅关系学校的特色建设和品牌形成，更加关系党和人民教育事业的发展，也关系整个中国特色社会主义事业的全局和长远利益。因为"中国特色社会主义事业是面向未来的事业，需要一代又一代有志青年接续奋斗"，这种能持续奋斗的人就是德、智、体、美全面发展的社会主义建设者和接班人，就是我们全人教育要培养的人。

2. 全人教育的价值认同建立在儿童本位之上，尊重、接纳每个学生

"一切为了学生的健康成长"是特色学校建设的根本出发点和落脚点，离开学生的发展来谈特色学校建设是没有意义的；离开学生的发展来进行特色学校的建设是十分荒谬的。培养合格的社会主义事业的建设者和接班人是学校存在的基础，也是特色学校建设的基本价值认知和基本价值取向。这也是全人教育的价值和意义所在。

我校根据时代的发展和社会需求，选择不同的办学路径和方法，开展各种丰富多彩的特色活动，开发适合学生发展的特色课程，提炼具有学校个性的特色思想，这些都是很有必要的。我们都要回到"人"身上来。这个"人"就是社会主义事业将来的建设者和接班人；这个"人"就是具有家国情怀、健康的身心、远大的理想、良好的习惯、向上的追求、创新的思维、丰富的想象、探究的精神、科学的方法、鲜明的个性等特征的具体人。

全人教育，做到了心中有人！这个人是活生生的，这个人是有着巨大潜能的，这个人的将来是有着无限可能的，这个人的可塑性是很强的，这个人的个性是鲜明的。站在这个角度上讲，中心小学的发展思想是为了这个"人"全面、和谐、健康发展的思想；特色项目是具有针对性和适切性的，特色模式是百花齐放、千姿百态的，特色文化是个性张扬、轻松和谐的；任何功利的、强制的都是违背这个"人"的本性的，其结果必然是扼杀个性、泯灭天性、丧失理性的。

3. 全人教育是校长办学的出发点，也是全校师生行动的指南

在全社会以实现"中国梦"为时代背景的当下，特色学校的建设需要回归时代的要求。特色学校的建设必须是以培养学生"具有初步的创新精神、实践能力、科学和人文素养以及环境意识为目标的，以适应终身学习的基础知识、基本技能和方法"为时代指向的，以追求中华民族的伟大复兴为己任的，任何特色项目的开展都不能离开这几点。在具体的实践过程中，我们要立足当下，展望未来；我们要立足学校，放眼全球。

校长身处学校这个特定的教育场域，要把教育的本质内化到一切教育行为当中。说到教育本质，赫尔巴特认为教育的本质就是用各种观念来丰富儿童的心灵，把他们培养成具有完美道德品格的人。我们也应该回到教育的本质上来，回到教育的原点上来，那就是为儿童的发展打好基础，让他们成为具有完美道德品格的人。我们开展特色活动、建设特色学校是为了儿童的发展，为了培养道德完美的人，离开了这两点就是偏离了教育的原点，就是远离了教育的本质。

如果特色学校建设是功利主义驱使下的行为，那么这样的特色学校对于儿童而言，就是一个摧残其个性、泯灭其天性、扼杀其潜能的牢笼。我们要积极推进差异化、个性化教育，促进学生全面而有个性地发展，以体现义务教育的基础性、全面性和公平性，这也是回归教育原点的体现。

当今世界面临多元化、全球化、信息化的挑战，社会形态发生着巨大的变化，我们应顺应时代的要求，办出特色，办出品牌。在特色学校建设的过程中，要澄清价值认识，以学生的发展为立足点，回归教育原点，回归儿童生活，回归学校文化，回归课程建设，回归时代要求。这就是我们进行特色学校建议的意义和价值。

二、立足儿童特性，以全体参与为基础实施全人教育，实现特色活动个性化

我们在实施全人教育的过程中，要立足儿童的好动、好玩、好奇等基本特性，强调每个学生都全程参与学校的教育教学活动，强调为每个学生开设符合其兴趣爱好和个性特长的校本课程（社团活动），让每个孩子都能在中心小学这个大舞台上，找到发展自己的中心。我校一直恪守"真正的儿童教育，应该以活动为中心，观察、激发、发展儿童的天性"的理念。儿童天性好奇，天生爱活动，特色活动的开展就是去发现孩子的天性，顺势而为，让这种优势潜能发扬光大，并用优势潜能来带动其他非优势潜能的开发。这样，学生在我们

的教育与引导下，掌握人类已有的社会经验去适应社会生活，为将来改造社会生活、成为一个独立的社会成员做准备。

1. 开展符合儿童特性的特色项目，促进学生的全面发展

对于具体开展的特色教育项目，我们绝对不能站在成人的角度来看待，绝对不能想当然地强制孩子们参加，因为这样的结果就是禁锢他们。正如纪伯伦在《先知》中写的："你们可以庇护孩子的身体，但不可禁锢他们的灵魂。孩子的灵魂栖息于明日之屋，那是你们在梦中也无法造访的地方。"我们根据学校的具体实际情况和学生的特性特征，有针对性地开展各种活动，促进学生的全面和谐发展。比如在主题教育方面，我校就开展了如下活动：

第一，结合全国文明城市创建工作，落实社会主义核心价值观"三进"。通过宣传栏、黑板报、展板、海报、电子屏幕、国旗下讲话、红领巾广播等宣传阵地，进一步加强社会主义核心价值观的宣传工作。我校学生熟记并理解"24字"，会唱歌曲《核心价值观记心中》。社会主义核心价值观真正进入学生头脑。

第二，坚持开展"中国好人""广州好人"投票活动。我校以开展"中国好人""广州好人"网上投票活动为契机，深入开展"中国好人""广州好人"学习活动，通过学习和评议道德典型，教育和激励广大师生在社会做个好公民、在单位做个好职工、在家庭做个好成员、在学校做个好学生。师生、家长参与率达85%以上。

第三，开展爱国主义教育。通过组织学生参加"共享奥运精神，拥抱健康快乐"开学典礼、观看以纪念长征胜利80周年"先辈的旗帜"为主题的《开学第一课》、国庆节向国旗敬礼等活动，增强学生的爱国主义精神和民族情感。

另外，我们还开展中华优秀传统文化、礼仪礼节、学雷锋、安全法制等各种主题教育活动。以中秋节为载体，学校组织开展了"我们的节日·中秋"主题活动；以重阳节为载体，学校举办了"我们的节日——重阳"经典诵读会；学校还开展了"孝老爱亲"主题月教育活动。通过各种活动，深入挖掘爱国、诚信、明理、勤俭、敬老、自强等思想内涵，积极发挥优秀传统文化怡人养志、涵养文明的重要作用。我校开展了"文明礼貌"主题月实践活动，开展了"特别的爱给特别的你"教师节活动，开展了"文明交通月"主题活动，开展了"让座日"活动等等。通过各项活动，加强和深化了礼节礼仪教育，从学生日常行为小处、细处，落实、倡导和培育崇德向善、文明礼貌的校风校纪，引导学生从小事做起，尊礼、懂礼、守礼、行礼，以礼立行，自觉做文明有礼的广州人。在我国第14个"公民道德宣传日"前夕，我校组织全体师生学习公民的基本道德规范；我们五（3）班、四（2）班的同学与家长代表，前往广州质量监督检测研究院参观，听食品安全讲座、做有趣的化学实验、参观实验室。结合"119消防日"举行"消防知识知多少"主题中队活动。组织开展了"文明交通，安全出行"主题活动。开展了"我守法我光荣"《宪法》日主题活动。坚持开展法治、安全主题教育活动，提高了师生法律意识，有效促进学校依法治校进程。在重视这些常规主题教育的同时，我们根据实际情况，在全校开展校园欺凌专项治理工作，组织开展了"反校园欺凌 播文明种子"主题中队活动；组织全校师生学习教育局反校园欺凌专题片《校园侦察兵》。通过加强法制教育，严肃校规校纪，规范学生行为，积极主动和扎实认真地预防校园欺凌事件，维护和确保学校的稳定和发展，保障教育教学工作的正常运行。

2. 以健康快乐、幸福生活为导向，尊重学生，发展学生

我们以健康快乐、幸福生活为导向，尊重学生，发展学生，设计各种学生的活动。比如，我们隆重举行了"共享奥运精神，拥抱健康快乐"2016学年第一学期开学典礼，开展了一系列创新有趣、轻松愉快的活动，为孩子们开启了新学期的幸福校园生活。在第33个教师节来临之际，少先队联合美术科组开展了"我心中最特别的您"主题绘画比赛，让学生画自己心中最喜爱的老师。通过班级评比、学校评比，每个年级评选出优秀作品在学校展览，同时由学生代表投票评，每个年级选出10张最受喜爱的作品。9月9日，学校举行了隆重的教师节庆祝活动暨颁奖仪式。为了大力弘扬中华优秀传统文化，让学生了解中国传统节日的文化内涵，在中秋节来临之际，我校开展了"我们的节日·中秋"主题中队活动。在中队辅导员的指导下，各中队通过讲中秋的故事、说中秋的习俗、诵中秋的诗篇、品中秋的美食等形式，用独到的见解说出自己心目中的中秋节，使学生感受到了浓厚的传统节日氛围。此次活动的开展，不仅让队员们亲身体验了中秋文化的独特魅力，更让队员们学会关爱、分享和文明，在浓浓的节日氛围中，真正体会传统文化的意义，陶冶爱国情操。

三、立足儿童视角，以全域建设为抓手实施全人教育，实现教育环境诗意化

要立足于学生、教师，要立足于学校，立足于当地，因地制宜，也就是说特色学校的建设要回到学校的文化中来。通过特色学校的建设，最终让学校出特色、出经验、出品牌。德国历史学家斯宾格勒认为，每一种文化都植根于她自己的土壤，各有自己的家乡和故土的观念，各有自己的风景和图像。学校的土壤不同，特色学校建设的路径和方式就应该不同；学校的土壤不同，呈现的风景和图像也应该是不同的。我们学校立足儿童视角，以全校园、全课程、全体师生等基本要素，构建全域系统，建设学校文化，实施全人教育，力求达至诗意化的校园环境。

1. 顶层设计以儿童的视角，精心组织，制订计划，完善保障

学校在推行全人教育特色建设的过程中，非常重视顶层设计。这种顶层设计是以儿童的视角为基点来思考、规划、实施的。目的是促进学生、教师和学校的和谐发展，建设美丽、和谐、有活力的中心小学，全面提高教育质量。

经学校行政会研究决定，让学校每一个领导和负责人有职可就、有事可谋、有权可用、有责可负，明确工作职责，清晰工作思路，团结协作，各尽其职，努力创建全人教育特色。因此，在创建特色学校工作中，我们学校围绕着加强"办学思想主题化、特色活动个性化、校园环境物象化、课程体系结构化、学校环境诗意化"建设的总体理念，主要采取领导带动、宣传促动、机制推动等多轮联动的措施，促进教育质量提升、管理转型、内涵发展。

我们成立了全人教育特色学校创建工作领导小组，由校长任组长，副校长和班子成员任副组长，办公室、教导处、党支部、总务处、少先队等负责人及各班班主任为组员，研究确定特色学校建设实施方案，保证创建工作稳步有序开展。同时宣传广播、营造氛围，提出了加强"环境文化、育人文化、精神文化、制度文化"建设的总体思路，着力打造"文化校园""书香校园""绿色校园""平安校园"，促进学校教育质量提升、管理转型、内涵发展。利用升旗仪式、校会班会、节庆日的时机，在电子屏、校园网站、橱窗、黑板报、德育廊、科技廊、英语风情街等处悬挂名人名言和画像或设立校园雕塑，大力宣传创建特色学校的重要意义，形成人人参与、人人有责的工作格局。加强制

度文化建设，建立奖惩机制，保障创建工作有序进行。学校建立健全各项制度，如《教学常规管理细则》《校本教研制度》《集体备课制度》《教职工请销假制度》《评优评先和绩效奖惩制度》《文明班级检查评比制度》《学生评价制度》等一整套较为完整的教育教学管理制度，对教师的日常教学、师德建设、考勤管理等有更加具体明确的要求，加强学生养成教育，形成了"人人定制度、制度管人人"的和谐制度建设新局面。

在做好制度建设和环境建设的同时，我们坚持以教学教研为中心，以质量提升为根本，结合各学科教学特点，在课堂教学中渗透全人教育，进一步规范学校常规管理，扎实开展行之有效的教学教研活动，使教育质量得到有效提升。

2. 以整个校园为全域场景，充分运用物理环境，活化全人教育

加强环境文化建设，创建幸福校园，培养全面发展的人，是我校工作的核心。在全人教育特色学校建设过程中，我们把整个校园的角角落落、一草一木、一砖一瓦都作为师生幸福校园生活的有机载体，把这些物化的校园建筑活化，赋予其生活气息、生命气息。针对学校对空间的限制，我们从形式上、内容上对校园进行全方位的精心设计，搭建一个可以让儿童幸福生活的校园，从地上到墙上，让每一寸地方都会说话，以优美的环境陶冶师生心灵、修养师生品格。

第一，营造了奋发向上的"学科文化"。进入校园，办公楼外墙镶嵌着五颜六色的小方块，既掩盖了冷气机外机的不美观，同时又给人一种梦的遐想，象征着学生用彩色的木块搭建着自己的梦想。"励志、励学、求实、求新"八个大字分别安装在八个花丛中，彰显人文、自然相和谐之意境。寓意中心人有志气、有远志、有知趣。大厅周围墙壁用蓝色的马赛克铺成各种海底图案。草丛被剪裁成"+、-、×、÷"的图案，寓意学生在知识的海洋遨游。地面上画着五支彩笔连着延伸的黄线，寓意孩子们可以在此描绘多彩的人生，体现"鼓励成功"的发展内涵。大堂正面墙壁镶嵌着一幅用玻璃钢制作而成的浮雕《奔向未来》，寓意在灿烂的阳光下学生健康快乐成长。大堂两侧宣传栏分别以学校的办学思想、办学理念、办学成果、人文精神为鲜明内容，主题突出，具有强烈的教育性和艺术性。教室门前的班牌，设计成竖起的大拇指形状，寓意着对孩子们的赞赏，激励着孩子们获取成功。各年级的宣传栏，根据不同年级学生的年龄特点，分别设计了"放飞梦想""你行我也行""瞧！我真棒！"等主题，无一不给学生传递着"励志、励学"的信息。

第二，构建了立体式的"连廊文化"。在优化学校物质环境的基础上，我们利用走廊、教室、花园、绿地改造了"走廊文化""教室文化""绿地文化"。走廊文化的设计内容生动活泼，图文并茂，容易记忆。根据不同的时间点，设置不一样的主题，主题有科学篇、生态篇、运动篇、艺术篇等。走廊文化成为我校课堂外的一种知识浸润，一种情操感化。为了培养学生的责任感及创新意识，学校把校园绿化带分给各个班管理。学生除了负责保洁工作外，还可以自主设计、管理，形成独特的绿地文化。如在大草坪上竖着"请保护我们绿色的生命"，在食堂门前的垃圾箱旁竖着"你的文明举止，显示着你的风度、素养"。这些"绿地文化"使整个校园空气清新，环境宜人，文化氛围浓厚，取得"草木劝学，墙壁说话"的效果。

第三，因地制宜、挖掘潜力，活化"全人教育"物理环境。我们建设了英语活动室，设计了具有异国风情的图书馆、咖啡厅、医院、餐馆、超级商场等情境室，让学生如置身于真实的环境中。室内的窗帘是双层的布景图，不同的英语活动可以转换不同的主题窗帘。室外是快乐学习列车，护栏上挂着多个国家的国旗，墙壁上有世界各地的名胜图片，与英语长廊相对应，给学生创设了和谐兼容的人文环境。

同时，我们还建造了交通安全教育模拟实践基地。学校在番禺交警中队的大力支持下，利用教学楼的空间，创意性地设计出交通安全模拟基地，为学校交通安全教育创造了很好的条件。每年的新生入学，我们利用"交通安全教育模拟基地"，对一年级新生进行全员交通安全知识培训，通过道路交通模拟实践演练，让学生在实践操作中牢固地掌握交通安全的常识。通过多年的教育实践，学生的交通安全意识明显增强，自我保护能力明显提高。近年来，学校交通安全教育模拟基地还先后接待了近千名校外幼儿园的小朋友和小学生，深受师生及家长的欢迎。

我们充分利用每一个微小的空间，让学生时刻感受到浓浓的育人气息。我们把综合楼的外墙设计为学校国学文化墙。以山西大理石为原材料，用微雕技术把《三字经》刻在97块大理石上，镶在综合楼外墙上，向师生展示了"主题的画，无声的诗，感动的歌"。《三字经》句句富有人文色彩，给人以美的享受、心灵的洗礼，激励师生自励自勉、努力进取、拼搏向上。

除利用物理空间营造全人教育环境外，我们还利用学校作为广东省现代教育技术实验校、广东省英特尔未来教育推广项目示范学校、广州市E时代实验学校等优势，进行信息化环境建设。我们充分发挥自身优势，对网站进行修改，从界面的设计到内容的增添，都充分融入励志文化的因素，如"校园之星""展示平台""学生论坛""心理咨询"等。学校门户网站被评为广东省优秀网站，读书网站获全国多媒体评比三等奖。现在学校每一个教师都有自己的个人网页，每个班级都有班级的主页，教师和学生可以在学校网站这个平台上充分展示自己的才智。同时为了让学生学习内容更为生动，学校还开设了读书网站、综合实践园地、少先队"星星火炬"、科技园地等板块，让学生可以自由地在知识的乐园中遨游。

3. 以互联互通为手段，构建符合学生成长的诗意校园

市桥中心小学位于番禺区的繁华商业区，这也是老城区，因此学校占地面积小，校园建筑显得十分拥挤。这种建筑物的拥挤和空间的狭小会直接影响师生的情感和情绪，导致视野的狭小、感觉的压迫、心情的压抑。因此，在特色学校创建的时候，我们以诗意校园建设为导向，结合学校的具体实际情况，让"物理空间连通，心理空间联通"。

首先把每栋孤立的教学楼和综合楼之间用连廊连接起来。这些安全、现代的连廊，色调展现学校的文化特色，风格时尚。孩子和教师们走几步就能到洗手间、运动场、功能室，不用像以前那样绕来绕去，不用像以前那样劳心费神、心急火燎了。这样一来，学校的物理空间连通了，师生的心理空间也联通了！全人教育特色的理念落在何处，全人的目标是什么，这些问题，从师生的表情中，从师生的行走方式中都能找到答案。

当师生欢欣击掌的时候，当教师和孩子一起聆听校长的教导的时候，作为校长，我的职业幸福感非常强烈，也特别有成就感。在自由、轻松、舒适、平安而和谐的校园中，在这种互联互动的物理空间中，聆听师生生命拔节的声音，感受师生生命相连的脉动。

最能体现我校诗意的是我们学校那股浓浓的书香味。在全校师生的精神世界里，书香是一种最奇特、最有魅力的香——它闻不到，却能感觉到；它买不到，却能拥有。这股书香的形成，缘于我们大力打造书香校园。一直以来，我校把开展课外阅读作为打造人文校园、推进素质教育的重要手段。在书香校园活动中，我们制订了"依托书香育人，提升人文素养"读书活动实施方案，把"读书虽不能改变我们生命的长度，但可以拓展生命的宽度"作为教师读书理念。通过"一个中心""两个保证""三个结合"等形式，实施"全员参与、师生共读、辐射家长"的阅读策略，积极开展"经典与我同行"的读书活动，不断探索学校、家庭、社区的阅读模式，让师生心灵沐浴书香，让师生在阅读中提升生命质量。如今，市桥中心小学校园处处是书香，读书成为了全校师生最喜欢的生活方式。低年级学生的亲子共读更成为读书活动一道亮丽的风景线。建设书香校园，构建符合学生成长的诗意校园，我们的主要策略是与践行上品教化相结合，净化校风；与课程改革相结合，提升教风；与家庭阅读相结合，引领家风；与优秀传统文化相结合，教化民风。

阅读成为师生成长的一种主要通道，成为师生生活的一种基本方式。我们让阅读融入教育教学的全过程，具体做法是：依据《课程标准》，实现跨学科整合式阅读；着眼素养，实现情感品行熏陶式阅读；发动家长，实现校内校外无缝对接式阅读；突出童真，实现率性、自由、闲适性阅读。

四、立足儿童生活，以全面发展为目标实施全人教育，实现课程体系结构化

为了保证全人教育的规范发展，避免随意性和盲目性，我们把特色活动纳入学校的课程体系中，使之能沿着科学的道路、健康的道路、规范的道路发展。

构建具有中心小学特色的全人教育课程体系。课程理念与学校的办学理念高度一致，丰富的课程资源能满足学生全面发展的需要。我们以课程建设的高度，保证特色活动能拓展学生的知识，激发学生的兴趣，培养学生的能力，陶冶学生的情操，发展学生的特长，提高学生的全面素质。首先，让这些特色活动在学生的认知领域、情感领域、动作技能领域和核心价值观等领域要有具体的规定。其次，要保证活动内容、活动方式、活动时间、活动空间、活动器材、师资配备得到充分的落实。最后，要保证评价反馈机制的有效进行。这样将有目的、有计划、有组织的特色活动融入学校的课程体系，让特色活动拥有独立的课程形态，从而实现课程的有效整合。

1. 以儿童生活为背景，进行课程开发，丰富学校办学思想，建立全人教育课程体系

我们学校的学生主要是城区孩子，他们的生活环境高度城市化、信息化。因此，在构建全人教育课程体系的时候，我们始终以发展学生为宗旨，紧

紧把握课程目标的制订、课程内容的选择、课程实施、课程评价、课程开发的基本要素，使我们的全人教育课程体系是以学校为基地、以学校为基础、以学校为主体的。在建设的过程中，我们充分尊重学生的个性和主体性，培养学生的创新意识、创新能力，同时也赋予教师一定的自主权，充分调动教师积极参与课程开发的热情，为教师提供了发挥创造的空间和大显身手的机会。在开足开齐开好国家课程的同时，我们利用周二和周四下午开设的46门学生个性特长课，为我们全人教育提供坚实的课程支撑，满足学校"个性化"发展需求，凸显学校办学特色。主要表现在：

第一，落实《番禺区教育系统2016年度绿色经典阅读活动实施方案》的要求。在"上品教化"理念指导下，发挥优势，积极开展读书活动，探求有效推进读书活动开展的长效机制和新思路，把读书活动引向特色、品牌方向发展，着力提高师生文化修养。以国学经典诵读活动为抓手，按年级安排诵读内容（一年级《弟子规》、二年级《三字经》、三年级《千字文》、四年级《笠翁对韵》、五年级《古诗词》、六年级《论语》）。各年级利用早上诵读时间，引导学生阅读经典、品味经典。我们组织全体学生积极参与2016年"明日之星"广州市中小学生系列阅读活动之"小学生经典阅读之旅"，并选拔了各年级学生参加市级评比活动。

暑期，我们组织学生参加广州市第37届"羊城之夏"系列活动，我校获"在阅读中成长——广州市青少年十年阅读系列之拼贴画创意设计大赛"组织奖和十年阅读优秀组织奖，曾娜玲老师获优秀指导奖，二（1）班贺浩博获三等奖，二（6）班张钧豪、一（7）班李紫烨和二（1）班孙易安获优胜奖。11月，我们还在五、六年级开展"语文小达人"比赛，提升学生语文能力，经过层层选拔，最终选出5个优秀节目参加城区和区的比赛，在城区比赛中，我们的5个节目获一等奖；在区比赛中，2个节目获一等奖，3个节目获二等奖。

第二，继续深化综合实践活动课程的建设。围绕"研学后教""辩论指导""金融理财"等专题，积极建立综合实践活动课程新优势，使综合实践活动成为深化素质教育、提高教育质量的新推动力。在第二届广州市青少年"乐创空间、我行我秀"科技主题实践活动中，梁彩英老师指导的《婴儿用品新发现》获番禺区"创意精明眼"类成果一等奖、广州市二等奖；邓桂练老师指导的《轻便安全帽》获番禺区"创意设计与制作作品"类成果一等奖、广州市一等奖；张爱辉老师指导的《AI时代，就在手中》获番禺区"科技创意作文"类成果二等奖；李小青老师参加番禺区2016年中小学综合实践活动教师优质课比赛荣获三等奖。12月，我校组织教师参加了番禺区第九届中小学综合实践教学成果评选活动。

第三，大力发展个性拓展课程，张扬学生个性，激发学生活力，形成具有学校个性和学校品位的特色活动课程。

辩论活动课程。继续多途径开展培训，落实"全员参与""全程参与""过程评价"。建立长效机制，使辩论活动常态化、课程化。收集、整理"辩论赛"活动成果资源，开发辩论课程。语文科组继续在3～6年级中选拔学生组建"辩论社团"，每周进行定时的常态训练，使学生的"听、说、思、辩"和查找整理资料的能力得到了很大的提升。

体艺活动课程。开展丰富多彩的文体活动，培养学生乐观、自信、积极、进取的精神品格。积极开展体育、艺术"2+1项目"活动，成立了管乐队、合唱队、舞蹈队、武术、篮球、绘画、手抄报等兴趣小组，定期举办艺术节、新年音乐会、诗歌朗诵会、演讲比赛、广播体操比赛、大课间活动等，为学生搭建了表现自我、展示自我、锻炼自我的平台，科学引导和鼓励学生走向操场、走进大自然、走到阳光下。坚持每天开展体育、艺术2+1活动和传统项目运动；每年举行校运会，让每个学生都能较好地掌握两项体育运动技能和一项艺术特长，提高学生的身体素质和艺术素养，培养学生健康的体魄、健全的人格，使学生的潜能也得到挖掘。两年来，学校师生参加各类文化艺术、体育比赛共获奖315项。由于游泳、武术两个项目的开展成绩突出，学校被确立为广东省体育（游泳）传统项目学校和广州市武术传统项目学校。以美育人也是学校的一大特色。学校艺术教育坚持"艺术大教育观"，引进民间艺术开展教育，给学生提供更广阔的艺术视野。通过学校艺术节、班际技能大赛、个人特长比赛等平台，努力挖掘学生的艺术潜能，致力提高学生的创新能力。小组唱《爱像阳光》、校园剧《我的爸爸是爸爸》、舞蹈《宝贝冲冲冲》均获一等奖。李嘉琦等三位同学参加"心向党，讲品德、见行动·广东省青少年儿童美术书法摄影活动"均获一等奖。何乐瑶等三位同学参加2010世界旅游日全球主会场庆典暨广东省旅游文化节万名儿童绘画比赛均获优胜奖。何卓琳参加2011年"中国体育彩票杯"广东省体育传统项目学校游泳锦标赛获第一名。陆思颖、樊颖参加2011年广东省传统武术（套路）锦标赛获二等奖。江逸飞参加

2011年番禺区中小学田径运动会获得两个单项第一。

科技探究活动课程。在科技活动中，我们以"创新·体验·成长"为主题，以科技环保和创造发明为主要内容，激励学生探究和创新。一是建立校内外实验基地，为科技活动的开展提供条件。在校外与环保局、南沙湿地公园等建立良好关系；参观广东科学馆，解读"达·芬奇的科学密码"；到实践基地参观、劳动，听专家讲座，使学生开阔眼界，增长见识，增强实践能力。二是开展"八个一"科技系列活动，即读一本科技小读物、讲一个科技小故事、学一个科技小技能、玩一个科技小游戏、做一个科技小实验、管一个科技小园地、写一篇科技小论文、参与一个科技小活动，把知识与实践、学习与游戏、动手与动脑、课内与课外结合起来。三是利用科技兴趣小组，开展科技活动。我们以学生的兴趣为依据，组成了航模、电脑、小发明、创意编织、科技绘画、科学实验等科技课外活动小组，让大篷车开进校园，提升师生的科技创新能力。两年来师生科技类成果有1232项获区级以上奖励，其中学生的科技论文就有934篇在全国科学小论文中获奖。

红领巾主题实践活动课程。学校少先队以体验教育为途径，以品牌活动为载体，以"文明礼仪伴我成长"为主题，深化红领巾小社团的品牌特色。突出"新"的特征、延长"爱"的主线、强化"自"的主题，营造"一队一品"文化，宣扬"一队一品"个性，把有意义的事做得有意思。39个红领巾小社团精彩纷呈。如以读书为主题的"飞扬"读书俱乐部小社团，以环保为主题的"绿脚丫"小社团、"小喇叭"小社团，以探究传统文化为主题的"亲亲传统文化"小社团，以培养操作能力为主题的"小鬼当家"小社团，以探究科学知识为主题的"翔宇"科技小社团，以社会服务的"雏鹰"为主题的志愿小社团，以亲子主题的"非凡"亲子假日小社团和"风信子"亲子假日小社团等等。"红领巾小社团"以独有的特色和魅力深深吸引着孩子们，让他们在实践活动中感悟生活、掌握知识、学会学习、学会做人、学会生活。2016年6月，语言艺术社团8位队员出色地完成了广东省第六届少先队代表大会献词任务。每年，"我与校长面对面"的学生成长对话已成为中心小学民主管理一道亮丽的风景线。吴卓妍同学被市少工委授予"民族团结红领巾使者"。在"慈善日"筹款活动和红领巾基金献爱心活动中，学生共捐善款十万多元，充分体现中心人的大爱精神。少先队课题《"红领巾"小社团活动与学校"双励"教育融合的校本行动研究》荣获番禺区课题研究一等奖。9个小社团被评为"全国优秀小社团"！

2. 特色课程与教学常规相结合，确保特色课程的顺利实施

特色学校一定是建立在特色课程的基础上，特色课程则是建立在课程理念的准确化、课程目标的完善化、课程实施的过程化、课程评价的差异化的基础上。在校本课程开发中我们除了要有异变与思辨思维外，还要坚守常规。只有坚守常规，才能保持特色。

在德育常规方面，加强行为规范养成教育。以贯彻落实《规范》和《守则》为重点，以遵纪守法和巩固文明城市成果为内容，开展"文明礼仪伴我行"教育实践活动，培养学生的文明素养，树文明新风尚。通过各种形式和途径，细化《市桥中心小学十项常规细则》要求，结合《文明礼仪伴我行——市桥中心小学一日常规专题教育片》，从教育的细节入手，及时纠正学生的行为偏差，使德育内容真正内化为学生自觉的行为习惯。认真开展先进班集体、文明班、三好学生、文明学生、优秀学生干部的评选活动，颁发奖状，以树立榜样，培养学生的积极上进精神，促进良好校风、班风和学风建设。

在教学常规方面，首先，要严抓各科教学计划的落实。学期开学后，我们严抓各类计划的制订，要求各部门、科任教师在一周内制订好本学期的各项工作计划，要保证教学工作具有科学性、计划性、可行性，做到每项工作开展时有目标、有方案、有规划、有管理，从而确保了本学期教学工作有条不紊地进行。其次，要进一步完善教学常规检查制度。本学期，我们根据城区教育指导中心的工作要求，结合学校具体实际，努力使全体教师的各项教学常规工作做到制度化、规范化、科学化。本学期，我们要求教师做到备课要"深"，上课要"实"，作业要"精"，教学要"活"，手段要"新"，活动要"勤"，要求要"严"，辅导要"细"，负担要"轻"，质量要"高"，并从课前准备、课堂教学、作业与辅导、教学评价等方面对教师的常规教学进行指导性管理。最后，抓实各个环节，保证教学质量逐步提高。

（1）抓备课。开学初，教导处根据本校实际，明确提出备课的具体要求。要求做到环节齐全、目标明确、重点突出、难点突破、设计合理、板书规范、习题适当、反思跟上。每一堂课，都力求做到"掌握课标，吃透教材，挖掘到位，知识准确"。

（2）抓课堂。教导处要求教师在平时要勤练课堂教学基本功，不断提高课堂教学能力，并组织开展全员听课活动，让大家听、大家评，"说长道短""评头论足"，帮助寻找不足，帮助改进，促使每一位教师的课堂教学质量不断提高。

（3）抓反馈。主要抓作业和单元检测，开学初，教导处对作业和单元检测做了明确要求。作业布置要做到内容精、形式活、质量高，提倡分层布置，所布置的作业要以培养和提高学生的各方面的能力为基点，作业批改要做到及时、认真，错的要当场指导学生改正，当场复批。每个单元结束后，要认真组织学生进行复习，并及时检测，每一单元检测后要求做到及时阅卷，认真分析，以总结经验和不足，明确下一阶段的努力目标。在期中作业检查中发现，教师在作业布置、批改等方面在质量上有了很大提高，所布置的作业内容也较丰富，一改全是机械抄写的状况。

（4）加强教师间的交流与合作。本学期，我们继续推行推门听课制度，要求教师间要开展互相听课、互相评课活动，要求每位教师一学期听课不少于20节。统计发现，教师听课数均超过规定，而且听课的范围也较广。这一制度对于提高教师队伍的根本素质起到一定的作用。

学校的常规建设人文性与科学性相结合，营造了民主、平等、和谐的管理氛围，让教师的精神和人格得到自由的发展；领导与教师、教师与教师、学生与教师相互尊重、相互理解、和谐融洽；年级与年级、科组与科组团结合作，互助共勉，和谐发展。

3. 以培养核心素养为导向，校本课程着眼于学生的全面发展

全人教育以培养"全面发展的人"为基本教育价值取向，要实现这一目标，我们在创建特色学校的过程中非常注重学生的人文底蕴、科学精神、学会学习、健康生活、责任担当、实践创新六大素养的发展。在具体工作中，以此为导向来建设学校的校本课程。有了这一正确的导向指引，一方面可以促进教师的专业发展，改变当前存在的"学科本位"和"知识本位"现象。另一方面，可以帮助学生明确未来的发展方向，激励学生朝着这一目标不断努力。

我们把校本课程建设的落脚点放在学生的真实生活处。2015年8月，广东省率先进行试点，将财经素养教育纳入基础教育课程体系。广州市36所中小学开始开设财经素养教育课程。我们学校作为试点学校之一，利用这一契机大力推进校本课程《小学生财经素养》的建设。我们依托北京师范大学等高校资源，在引入国际成熟课程体系的基础上，构建了适合我校实际的财经素养教育课程体系。该课程包括财经心理学，账户、储蓄和预算，收入、职业、商业和创业，信用、债务和贷款，以及风险管理和保险五大部分内容，涵盖心理、知识、能力、行为和实践五个层面的素养。随着年龄段的升高，各部分的内容也由浅入深。具体来说，在心理层面，学生通过学习、心理训练甚至是脑训练，能更好地把握自己和他人的真实需求，发现自己的长处和不足，避免一些决策心理误区，使决策过程更为理性。在知识层面，学生能掌握财经决策的基本概念，如收入、账户、利息、投资、风险等。在能力层面，学生学会定目标，做预算，掌握财务分析的方法，学会控制风险等。在行为层面，课程的目标是行为的塑造，培养自控、专注、守信、分享等良好的行为习惯。最后在实践层面，学生能够将财经素养运用到生活中，如进行理性购物、合理储蓄、职业规划等。

比如，我校四年级的学生在接受了相关的教育后，会知道：①人们可以选择不同类型的工作，不同的工作要求不同的技能；②如果人们被雇佣参加工作，将会获得收入；③职员通过工资、薪水、佣金等不同形式获得劳动报酬；④人们可以通过借钱给其他人获得利息收入；⑤人们可以通过向其他人出租财产获得收入；⑥开办公司的人获得的利润是一种收入来源；⑦企业家是开创公司的人，创业是具有风险的，因为他们不知道是否会成功或盈利；⑧从父母或朋友那里获得额外的零用钱或者作为礼物的金钱也是一种收入；⑨工作获得的收入以及大部分其他收入来源都需要纳税，这些税收用于支付政府提供的物品以及服务。他们能够应用这些知识做以下事：①列出不同类型的工作清单，描述与每一种工作相关的技能；②解释为什么雇主愿意付工资让人们工作；③解释服务员、教师、经纪人如何获得收入；④解释为什么当人们把钱存在银行或其他金融机构时，这些机构要支付人们利息；⑤能够识别人们拥有的不同类型并能出租的财产（比如公寓、汽车或者工具）；⑥通过提供一个公司成本和收入的信息，计算出公司利润；⑦阅读一本关于企业家故事的儿童书籍，知道他的公司类型，以及可能存在的风险；⑧调查并统计班上有多少同学可以拿到零用钱，多少同学接受过钱作为礼物，并解释为什么有人会把钱作为礼物送给别人；⑨举出政府提供的物品和服务的例子。

着手当下，让学生走进社会、参与社会，开发多彩的主题活动，构建校本课程，培养全面发展的人。社会是另一个重要的学校和课堂，生活是另一种重要的课程和教材，实践是另一种重要的学习方式和途径。社会生活和社会实践就是无字之书，对于学生的成长和发育具有同等重要的意义，既可以很好地培养和锻炼他们的实践能力，又可以加深他们对社会的了解，培养社会责任感。我校Team D.社团成立于2015年，致力于多样化的亲身体验实践活动，使队员的能力得到锻炼的同时，也为所有需要帮助的人送去每一个队员的爱心和力量。这门校本课程的目标及意义是：①丰富孩子的课余生活，培养队员的动手能力和组织能力；②让队员参与社会实践，通过实践体验家长工作的艰辛，学会理解父母、体谅父母，珍惜现有的幸福生活；③在参与社会实践过程中，让队员放开自我，拒绝害羞，学会与人沟通，争取别人的认可；④增强队员适应社会、服务社会的能力，培养和锻炼实际的工作能力，并且发现不足，及时改进和提高，使之更新知识结构，获取新的知识信息，以适应社会的需要；⑤花街义卖活动后，筹集到的资金用于开展爱心公益等活动，教会队员适应社会、回馈社会并服务于社会。

我们把校本课程建设的着力点放在自主学习上。我们学校校本课程建设改变课程过于注重知识传授的倾向，强调使学生形成积极主动的学习态度，使学生获得基础知识与基本技能的过程同时成为学会学习和形成正确价值观的过程。教师能将学习的过程和机会还给学生，给学生更多自主学习的时间和任务。强调以学生作为学习的主体，让学生通过独立分析、探索、实践、质疑、创造等方法来实现学习目标。美国当代著名教育评论家埃利斯和福茨在《教育改革研究》一书中断言："合作学习如果不是当代最大的教育改革的话，那么它至少也是其中最大的之一。"合作学习从学习过程的集体性出发，针对传统学习中忽视群体交往的弊端，着眼于教育主体间互动的普遍性，构建了以师生、生生合作为基本特色的课堂结构，通过小组合作性活动来达成学习目标，促进学生个性和群性的协同发展。实施全人教育，就是把目光聚焦在学生身上，把着眼点放在人的全面发展上。正是通过教导处等部门的大力推进，自主学习模式在校本课程上得到了极大的强化，同时也在国家课程和地方课程的实施上得到了广泛的推广。

五、立足儿童成长，以全程链接为覆盖实施全人教育，实现课堂渗透常态化

我校着力建设与学校发展相适应，符合学生全面发展的学科性课程、活动性课程和环境性课程，以全程链接为基本手段，形成家校紧密合作、学校和社区互动的良好局面，以使全人教育理念在课堂中得到常态化渗透。

德养之道 唯名与器——一个小学校长的德育创新与实践

1. 架起家校合作桥梁，开设家长课堂，让儿童的成长有全程链接的教育覆盖

构建全人教育特色，离不开家长的参与与合作。学校通过开发"家长讲堂"特色校本课程、发挥家委会作用、组建家长志愿服务队、建立学校微信平台等方式，增进家校合作。主要做法有以下几点：

首先，推陈出新，创新家委会形式。打造教育共同体，联动家校，让家长成为学校教育的"合伙人"。我校从2015年11月23日开始，持续一周，分级召开了1～6年级的年级家长委员会会议。会议的顺利召开，对于和谐家校关系，促进家校的相互沟通、交流、合作与分享起到很好的作用，为下一阶段"家校合育"工作指明了方向。同时，我们分级召开家长会。针对每个年级学生的身心特点，由柯中明校长分别给各年级家长进行不同专题的讲座，切实解决各年龄段孩子的家庭教育问题。

其次，让家长志愿者成为重要生力军。本学期，更多的家长志愿者参与学校的各项"家校合育"活动。特别是在"建校30周年成果展示"活动中，我校家长志愿者承担了多项任务，比如嘉宾车辆接送、为展示活动提供茶点、担任3天校庆活动的秩序维持员等，出色地保障了学校30周年展示活动的圆满完成，受到与会的来自全国各地的领导、专家及本地兄弟学校同行的一致好评。

最后，让"家长讲堂"项目成为家校合育特色品牌，形成家校共同培育"全面发展的人"的良好局面。我们挖掘家长资源，开发具有学校特色的"家长讲堂"校本课程，邀请有特长、有专长的家长进学校、进课堂，为学生、为家长进行授课。本学期，各班级开发的"家长讲堂"课程，内容涵盖科技、化学、语言艺术、安全、感恩、公益活动、良好习惯、心理健康、卫生等方面，取得良好的成效。在学校家委会、广东省依法治校示范校评估、广东省心理健康特色学校评估、广东省红领巾示范学校复评、广州市少先队工作督导中，"家长讲堂"项目受到了家长、专家的高度评价。在建好"家长课堂"的同时，我们还大力开展"家庭阅读推广计划"，以便使"家长学校"建设向常态化发展，实现全人教育的全链接。本学期开展家庭阅读专题活动3次：《神奇的思维导图》学生课程，由家长讲师向学生和家长授课；《润物无声，阅读相伴》，为一年级家庭阅读推广家长专场；开设家长学校课程——《快乐学习，用心陪伴》。

2.重视科组建设，重视常规建设，以教师的专业发展保障儿童的全面发展

学校非常重视教学管理，狠抓教学常规建设，引导教师更新教学观念、转变教学方式，落实学生的主体地位，形成学科特色，以教师的专业发展来保障儿童的全面发展。

首先，强化师德建设。通过师德教育和培训，我校教师形成了爱岗敬业、勤学乐教、无私奉献的师德风范；学校涌现出一大批责任心强、思想素质高的优秀教师和优秀班主任。新的课程改革已进入纵深发展，我校教师的教育教学理论水平也有了新的突破。通过专题讲座和理论学习，教师能更新观念，转变教学思想，树立全新的教师观、学生观、师生观及发展观；同时，教师总结教学经验、研究教学问题、撰写教学论文的水平也得到提升。

其次，以建立学习共同体为契机，强化业务研修。为加快青年教师和骨干教师的培养，我校拟订了合理的教师培训计划。为了不断提高教师的理论水平及教学能力，学校积极为教师创设学习平台，为教师专业发展搭桥铺路。本学期，组织学习、研讨的主要活动有：①新教师培训班；②骨干教师培训班；③跟岗学习；④教师课题立项、结题指导；⑤送教活动；⑥省级现场课例展示活动；⑦教育部教学成果展示活动；⑧"常态课堂听评课"系列活动；⑨教育部校长领航交流研讨活动……这些活动将更多、更新的专业理论、教学方法、技巧、经验有效融合，使教师们在研究交流中不断成长。我校以"师徒帮带"为主要形式来建设教师专业发展共同体。通过"以老带新、以优带新、以学促新、以优促新"等方式，开展"传、帮、带"活动；实施骨干教师展示课、青年教师评优课、新教师亮相课、备课组研讨课和常规汇报课，实现师徒相互促进、共同成长的新态势。本学期师徒结对包括四个学科，语文（吴懿—苏杏秋、李婷萍—陈昀、邓丽文—郭素萍、曾娜玲—罗瑞莲），数学（雷文—林秋慧、陈云洁—郭晓怡、陈露妍—陈海秋），英语（李小青—梁敏怡），体育（梁庆群—袁庆功）。

最后，以科研作为教师专业发展的有效载体，让科研与教师的日常教学相结合，让科研与教师的专业发展相结合，让科研与学校的全人教育发展相结合。在番禺区教育科学"十三五"规划课题第一批的申报工作中，我校已有8个课题通过区审批立项，分别是：《小学生财经素养教育的行动研究》《小学阶段家校沟通有效性行动研究》《基于"传承广府文化"理论下广绣融合拼布艺术的应用与实施研究》《以"多元舞台"模式发展小学生英语学科核心素养的研究》《高阶思维视域下小学科学实验课中研学任务设计与实施的行动研究》《新常态下小学体育"课课练"提高学生合作能力的教学策略研究》《创客理念下小学数学综合实践活动课程开发与实施的研究》《基于Scratch的小学创客课程开发与实施研究》。省级立项课题1项：《同理心视角下小学阶段家校沟通的行动研究》。市级立项课题1项：《小学数学"综合与实践"校本课程资源开发与利用研究》。通过立项后，我们邀请了番禺区教研室李进成老师到校为全体教师进行"如何申请课题 如何开展课题研究"的专题讲座。主管领导根据教研员的指引召开课题负责人会议，做好了开题及研究的部署工作，使课题研究工作顺利开展。在做好相关课题申报立项的基础上，我们还大力推进有关课题的结题工作。本学期筹备结题的有省级立项的《信息技术支持的小学数学建模教学有效性的研究》和市级立项的《品德科优化小组合作学习的实践研究》。

六、结语

"元宵乞汝闲几日，元宵过后种田忙。一个学校要坚守常规多久，才能够在继承中创新；一个学校要进行怎样的课改，才能适应教育形势的发展；到底要有怎样的隐性成绩，才能获得办学绩效一等奖。"我校以这样一个开篇，在2015年学年办学绩效评价展示中，做了题为《外师造化，中得心源》的汇报，凭借过硬的实力赢得评委们的一致认可，获得2015学年办学绩效一等奖，再一次确立市桥中心小学在番禺区教育界的龙头地位。小学绩效一等奖的获得只是我们实施全人教育的一个阶段性的小结，是一个缩影，这个缩影折射的是全校师生奋发向上的精神面貌。它不是我们的终极的目标，而是对我们实施全人教育的一种认同。对于我们学校而言，我们全体师生躬耕中心小学这片肥沃的土壤，如同勤苦的老农，在闲暇之余庆祝一下，在节庆时节欢乐片刻，虽说"元宵乞汝闲几日"，但是欢庆过后、休整过后依然会"元宵过后种田忙"，回归教学生活的常态。

1. 市桥中心小学再次回到了"中心"

中心，是一个承载希望和梦想的地方；中心，是一个众目聚焦的地方；中心，更是一个创造辉煌与佳绩的地方。对于我们中心小学而言，厚实的办学文化、优异的办学业绩让我们再次回到番禺小学教育的中心，和兄弟学校一道创造番禺教育现代化的新高度。目前全校9个学科教研组均被评为番禺区的优秀学科教研组，其中语文、数学、英语、艺术、信息五个学科组获一等奖，语文、数学、英语、体育、信息五个学科组被评为广州市先进科组。尤其值得我们回味的有三件事情：

（1）"一师一优课，一课一名师"广东省"互联网+教研"启动仪式暨现场课例展示活动由我校承办。这是全国教育信息化的一场盛宴，活动围绕教育部"一师一优课，一课一名师"活动，充分利用"互联网+教研"模式，以线上网络直播和线下互动的方式，开展"信息技术与课堂教学深度融合"的主题教研。活动当天我校迎来了来自全国各地的领导、专家和同行600多人，活动的大规模、高质量得到了参会者的高度赞赏。海内外同时在线观看本次活动的有近6万人！

（2）"核心素养视角下的教与学"课堂教学展示活动集中展示了我校全人教育的办学成绩。面对未来，培养学生的核心素养，为我们学校的课程改革指明了新方向，为教学研究注入了新内容，为教学评价阐明了新思路，为教学管理提出了新挑战。为了应对这种挑战，深化"研学后教"课堂教学改革，提升"上品教化"教育内涵，我校的优秀教师代表团以及北京灯市口小学、河南省实验小学、安徽省合肥市屯溪路小学、辽宁开原民主教育集团、山东省潍坊市文华小学、重庆市人民小学、重庆巴蜀小学的优秀教师，共同在我校展示了12节各具特色的课例。课例都具有学科的代表性，很好地体现了以学生为学习主体的思想，注重学生朗读、学生观察、学生发现、学生探究、学生评价和学生总结。思路从学生中诞生，问题从学生中产生，素材从学生中捕捉，在师生、生生的互动中推动着教学进程，使学生切身感悟到所学内容的本质。

（3）全人教育思想全国研讨会得到了与会专家的一致好评。本次教育思想论坛在教育部小学校长培训中心副主任、北京师范大学校长培训学院鲍传友副院长的主持下，由北京师范大学博士生导师、长江学者石中英教授做了主题为《向陶行知先生学习如何做教育家》的报告。在《学校品牌管理》杂志总编辑王永江的主持下，核心素养视角下校长办学思想论坛展开了激烈的思想碰撞。我校柯中明校长、河南省教育厅基础教育一处正处级调研员孙广杰、辽宁省开原市民主教育集团靳海霞校长、山东省潍坊市广文中学赵桂霞校长、重庆市巴蜀教育集团马宏校长、重庆市人民小学杨浪浪校长、安徽省合肥市包河区教育局副局长、屯溪路小学陈罡校长，站在管理者的角度，阐述了各自的办学思想。番禺区政协副主席、区教育局局长冯润胜同志及全区中小学近300名校长，共同见证了这一盛会。

2. 在平凡的岗位上演绎着"四好教师"

全人教育特色的形成离不开一支德才兼备的优秀教师队伍，我校全体教师在践行着全人教育的同时，也在自己平凡的岗位上演绎着"四好教师"的形象。我们加强师德教育，提升教师理论水平，强化教师责任意识。学校组织教师深入、系统地学习《国家中长期改革和发展纲要》《教师素质与师德修养》《中小学教师职业道德规范》《番禺区教师职业道德规范》和《番禺区教师违规违纪处分办法》，引导广大教师全面了解新时期教师职业道德的基本要求，以师德规范对照自己言行，大力弘扬正气。进一步提高广大教职工的道德素养、职业素养，使其增强教书育人、管理育人、服务育人的自觉性。结合"甘守三尺讲台，争做'四有'教师"师德建设主题活动，开展师德研讨活动，引导教师博学善导、修德敬业。规范教师行为，塑造为人师表的良好形象，让教师形象熠熠生辉。使全体教师在自我反思中、从他人事迹中感受教书育人工作中的师生深情，激发教师为人师表的意识，强化教师的育人意识，增强教师以身立教的责任感。我校教师敬业、爱岗、爱生的精神和行为得到了广泛赞誉。

同时，我们坚持依法治教、依法治校。学校组织教师学习了《中华人民共和国教师法》《中华人民共和国教育法》《中华人民共和国未成年人保护法》以及校园欺凌专项治理等与教育教学相关的法律知识。2016年11月26日组织教师学习了教育部等九部门《关于防治中小学生欺凌和暴力的指导意见》。2016年12月12日组织专题学习，校长做了《反校园欺凌，保一方平安》专题讲座，对教职工进行校园欺凌事件预防和处理的相关政策、措施和方法的培训。我校认真贯彻落实省、市、区纪委关于推进廉政文化进校园活动的指示精神，开展了廉洁从教的教育，促使全体教师依法从教、廉洁从教，推进学校行风建设。学校不仅加强了教师师德师表教育，提高了教师的职业道德素质，同时更注重培养教师的教育教学能力。2015学年，我校广泛开展了各种形式的教育教学改革研究活动，如业务竞赛、知识讲座、观摩交流、教学交流，共计250人次接受学习教育。我们尽最大可能提供让教师成长的机会和发展机遇，为他们的成才创造有利条件，提高了我校教师整体教育教学水平。目前我校已经形成了一支以黄雪萍等十几名教师为核心的品德高尚、专业水平高的教师队伍。

3. 我们的名字叫"康康""乐乐"

全人教育办学特色的着眼点在学生，具体办学的出发点和落脚点也在学生。我们的宗旨就是培养全面发展的人。这些人在我们中心小学是快乐学习的，是健康成长的，也是能拥有幸福生活的。这些孩子共同的名字就是"康康"和"乐乐"。他们有良好的习惯，有优秀的学业，有扎实的基础，有健康的身体，有良好的品格，有健全的人格。经过多年的努力我们培养了一大批优秀人才，其中有如下一些代表：

其一，陈笑淳、张楚弦、李诗琪、肖旻淏被评为"2015—2016学年广州市优秀学生"。

其二，六（2）班沈倩雯同学在2016年寻找"最美南粤少年"活动中荣获"最美羊城少年"之"才艺好少年"；获2015—2016年度"广州市优秀少先队员"；在2016年羊城时政学堂小主播选拔活动总决赛中，荣获小学组二等奖。

其三，陈芷盈、张楚弦、张宸琛在第八届番禺区中小学生社团文化节中被评为优秀社团干部；"小蜜蜂"社团在2016年市桥城区中小学社团活动评比中荣获优秀社团称号。

其四，在阅读中成长——广州市青少年十年阅读系列之拼贴画创意设计大赛中，二（1）班的贺浩博获三等奖；二（6）班的张钧豪、一（7）班的李紫烨和二（1）班的孙易安获优胜奖。

其五，在番禺区语文小达人比赛中2个节目获一等奖，3个节目获二等奖。其中，五（5）班谭乐儿的评书《穆桂英大破天门阵》、五（1）班聂语瞳的故事《杜鹃鸟》获一等奖，六（2）班沈倩雯的《快板》、五（2）陈笑淳、吴雨芮、聂静蕾的《木兰诗》、六（5）班肖旻淏、刘崇瑞的相声《成语奇谈》获二等奖。在短短的一学年里，学生共获奖397项，其中国家级奖58项，省级奖28项，市级奖75项，区级奖143项，其余奖项在此不一一列出。

4. 就读中心，我们安心

金杯银杯，不如家长的口碑；金奖银奖，不如家长的夸奖。一所学校办得好不好，一种办学思想有没有生命力，家长的看法最有说服力。中心小学在几十年的办学历程中，始终坚持"中心，为儿童而存在"为办学理念。我们认为，人生发展的决定性因素是价值观，如果没有正确的价值观做引导，就会人生目标模糊、人格扭曲，生活既没有成就感也没有幸福感。同样的道理，特色学校的建设也是如此。著名学者杨东平先生认为，学校在办学过程中如果"没有一个清晰的价值目标，现实中就很可能迷失方向，沦为没有灵魂、见物不见人的教育工厂"。全人教育在回到教育原点上再确认、回到儿童生活中再丰富、回到学校文化中再浸润、回到课程建设中再构建、回到时代需求中再回应后，最终在家长们一句"孩子就读市桥中心小学，我们安心"上得到体现。

中心，永远为儿童存在！

在学生的心田根植学校文化的DNA

找到开启生命之门的钥匙，一直是人类的梦想。这一梦想终于被美国《自然》杂志在2001年2月揭开了神秘的面纱——人类基因组草图（DNA）。该项成果如同一把钥匙，使得人类有史以来第一次打开了生命之门。从此，DNA就成为人类认识、了解、掌握生命的通道与途径。基于生物学意义的DNA，非常多的学者开始思考人类思想、感情、信仰、意志、道德等背后的密码，并把这种密码称之为文化基因，即文化DNA。所谓文化基因是指"相对于生物基因而言的非生物基因，主要指先天遗传和后天习得的、主动或被动、自觉或不自觉地置入人体内的最小信息单元和最小信息链路，主要表现为信念、习惯、价值观等"。

从教育实践和教育理论来看，学校文化DNA是全体师生心中共同的校园图腾，也是全体师生的信仰、世界观、思维方式、价值和行为准则，其通过师生的言行表现在课堂教学、主题活动、师生交往、校本课程体系等载体之中。也就是说，可以通过师生行为编码来体现学校文化的DNA。从这个角度上讲，学校文化的DNA直接决定了学校生命的底色，也决定了学生生命的底色。它以润物无声的方式，无时无刻不在影响着学校的发展、影响着学生的成长。因此，很有必要在学生的心田根植学校文化的DNA。

建立一种图腾，根植一个共同的符号。校园图腾作为学校文化的独特标志，是学校文化最外显的标识。它可以是校内一处具有特殊意义的建筑，也可以是一颗具有独特造型的树木，还可以是一条具有独特来历的小径，如此等等。比如北大校园文化图腾"一塔湖图"，虽然被戏称为"一塌糊涂"，却以非常显著的物化标识把学校文化的DNA植根于每个北大学子的内心。在我们学校，校门口那棵高大、挺拔、粗壮的大榕树吸引着每个师生，他们在树底下嬉笑、谈心，他们在大树底下冥思、畅想。以大榕树为主要载体，我们将它转化为两个具体的卡通图腾：市桥中心小学吉祥物——康康（男）和乐乐（女）。这两个活泼、伶俐、天真、勤奋的尖耳朵榕树小精灵——阳光、充满活力、坚挺的图腾符号，已经印刻在师生心中。

形成一种习惯，根植一个共同的姿态。文化总是根植于心，外化于行。优雅的文化基因总是能孵化出优雅的言行举止，优雅的言行总是优雅习惯的使然。在学校文化建设过程中，一定要根据师生自身发展的需求，总体构建学校文化体系，并结合学校的教育教学活动，让师生养成一种良好的行为习惯。我在三所学校担任过校长。尽管这三所学校文化底蕴、文化符号、文化特质各不相同，但在学校文化DNA的根植方面都做了同一件事情，那就是师生交往时要做到"微笑致意"。我们通过培养"微笑致意"这一个习惯，把学校文化中的平等、关爱、呵护、包容、温情慢慢植根在师生的内心中。

镌刻一个名字，根植一个共同的称谓。文化之所以具有生命力，是因为其有非常强的凝聚力和向心力。

学生是民族的未来，也是国家的栋梁，我们必须激活学生内在的文化基因，培育他们承担中华民族伟大复兴重任的信心、能力与毅力。这是我们每个教育工作者义不容辞的责任，也是学校教育的重要内容。在实际工作中，我高度重视学校文化的承传与积淀、生成与创新，结合学校实际，遵循教育基本规律，以构建文化图腾、养成良好习惯、镌刻班级名字等措施，在学生心中植下真善美的种子。在学生心田根植学校文化的DNA。这一根植过程应该是自然的、和畅的，同时也是符合人性与人的成长规律的。它应该遵循"办人民满意教育"的基本要求，以发展学生为依归，让教师具有良好的习惯、健全的人格、纯洁的灵魂；让教师在优秀的学校文化熏陶下成就自我，而不是怀着功利的目的苛求学生，更不应该为了追求"高大上"而盲目进行基因修复、编辑。

破茧成蝶，玉汝于成

——柯中明办学实践以及思想提炼

一、教育人生故事——守住教育之根，培育全面发展的人

"橐驼非能使木寿且孳也，能顺木之天，以致其性焉尔。凡植木之性，其本欲舒，其培欲平，其土欲故，其筑欲密。既然已，勿动勿虑，去不复顾。其莳也若子，其置也若弃，则其天者全而其性得矣。故吾不害其长而已，非有能硕茂之也；不抑耗其实而已，非有能早而蕃之也……"

我有早读的习惯，每当晨读时，我常高声诵读《种树郭橐驼传》。在我看来，这一名篇虽寓为官治民之理，但对于教育工作者来说，也有着极强的启发意义。

"说来也巧，我踏上讲台试讲的第一篇文章就是这篇《种树郭橐驼传》，似乎冥冥之中就和根、树结下了不解之缘。"说起"根教育"，我颇有感慨。

1.品"根"生思：追寻教育的原点

市桥实验小学是当地名校，但凡名校，后继者都难免进行一番"改造"，组织一场规模不等的"新文化运动"。在我看来，这既是浪费，又可能对人心造成伤害，因此上任后我把主要精力用在了对办学思想的统整上。

刚调进城区市桥实验小学，该校虽为名校，但建校不过几年，没有可承继的深厚历史；地处城市新区，没有可依托的环境资源；教师来自五湖四海，且大都年轻，没有大师级的思想标杆。面对如此众多的"空白"，如何树立办学理念、疏浚办学思想？我及我的团队边实践边思考。

此前，时任番禺区委宣传部部长的李鹏程到访时，为学校题写了校训

"做有根的现代中国人"。题词言近旨远，体现了继承与创新、继往与开来的辩证统一。只是，学校一直未能找到与之切应的阐释点。

中国人的根是什么？我们基础教育的根又是什么？学生成长之根又是什么……细细品味着校训题词，我陷入沉思。

一番思量之后，我豁然开朗，"做有根的现代中国人"既是一种教育价值追求，也是一种社会价值追求。年轻的市桥实验小学要办出特色和品位，就需要大力践行这一理想，并努力实现这一理想。基于此，我提出了"根教育"的办学理念。

根，平凡普通，但被人们随物赋义，赋予种种象征。而幼时见闻和求职经历，使我对"根"有着与常人不一样的理解。在我看来，大自然中司空见惯的根有着深刻的哲学内涵——根既是一个生命的原点，又是一种内谦的品质、一种质朴的境界，让生命之根深扎、广延、牢固，人生就能绽放繁花。

在我的眼中，教育成了一种可感知的生命体。自然，"根教育"就是我心中一个形神兼备的生命个体——有丰腴的体形、灵动的神韵、高格的境界。

首先，"根教育"有灵魂。我认为，"根教育"的核心和灵魂是"价值"，没有高尚的价值引领，教育就会陷入平庸、低劣、粗鄙。例如，一个大学生为了一件极其琐碎的事而残忍杀害同学，一个高材生用硫酸泼向熊猫，仅仅是为了看看对方的反应，这些偏差行为都是人性泯灭、教育的价值取向歪曲所导致的。

立足于对生命的敬畏和尊崇，着眼于培养具有"人的精神"的人，是"根教育"的核心。为了凸显其意义，我将之刻印在综合楼大堂的笑脸墙上，旁边则是全校近两千位孩子灿烂的笑脸。

其次，"根教育"有血脉。我心目中的"根教育"坚持为幼苗铺设肥沃、厚实的土壤，倡导用人类的文化神韵去滋润学生心田。我尤其希望"根教育"能引领学生走进积淀着五千年民族精神的中华文化，让他们去徜徉、去仰慕、去熏陶、去沉醉……最终让每一个学生身上都烙上深厚的中国印记。

再次，"根教育"有神韵。谈起"根教育"，我又常常想到《种树郭橐驼传》中的另一段话："他植者则不然，根拳而土易，其培之也，若不过焉则不及。苟有能反是者，则又爱之太恩，忧之太勤，旦视而暮抚，已去而复顾，甚者爪其肤以验其生枯，摇其本以观其疏密，而木之性日以离矣。虽曰爱之，其实害之；虽曰忧之，其实仇之。"

我心目中的"根教育"，摒弃这种名为爱之、实为害之的"道"，而呼吁一种大智慧的观照和统领。

此外，"根教育"还有光华。我认为，学生的精神生命是一个由无明到觉悟的过程。这个过程，就是实施"根教育"的过程，就是不断唤醒的过程。"根教育"充满对人的价值与意义的理解和尊重，能唤醒人们对美好时光的追忆和缅怀、对幸福生活的向往和憧憬，被崇高的信念所感召、所引领。

根可以直扎深泥，也可以盘旋往复，因此，"根教育"尊重人的独特个性，尊重学生成长中的种种不同。"根教育"期待每一个学生各美其美，美美与共——这也是市桥实验小学鼎力追求的"根教育"的至高境界。

2. 循"根"生慧：迈出坚实的脚步

仰望星空，脚踏大地，这是一种寄望，也是求真务本的人生态度。对于学校而言，提出理念并非难事，难就难在如何以坚实的脚步行走在"仰望星空"的道路上。

行动起来就有收获。这是我常说的一句话。在坚持不懈的探索中，我和团队的老师们一道，总结出了实施"根教育"的六大路径。

（1）以文化的柔性之力培根

在烦琐复杂的德育实践中，我看重文化这一种无形的力量。学校与文化天然结缘，学校的发展史必然是一部积淀、记载、传承、延续传统和现代文化的历史，因此校园文化的建设必然成为学校发展的主题。为此，我着力建设环境文化、管理文化、团队文化和人际文化。

自担任校长之日起，我就旗帜鲜明地提出了"最是书香能致远"的口号，通过几年来的精心打磨，极富现代教学气息的市桥实验小学与中华五千年灿烂文化交相辉映：林荫校道的扇形橱窗，风景独特；德育长廊，处处让人感受到伟人的期望；广场四周与架空层上，《论语》名言书写其间，熠熠生辉；"吟诗坊"是中华诗文的海洋，流连坊内，对话大师，令人遐想万千……

建设健全、刚柔并济、宽严有度的制度文化，是我的努力方向。制度是刚性的，是团队坚韧的构架，但离开文化的润泽，极易成为一口越补越漏的锅。文化，是柔性的，在制度管制之外的地方起作用。

我在管理上树立求真务实、奋发有为的领导团队文化，建设了一支"率先垂范、精诚合作、务实创新"的领导团队。我倡导在团队中要做到"和而不同，同而不党"，形成说真话、讲实话的良好氛围。

我认为，师生快乐幸福，是优质学校走向理想学校的重要标志。唯有快乐幸福，才是师生发展的持久驱动力。因此，我组织大家集体过生日、外出学习旅游、集体登山……创造快乐、寻找快乐、传递快乐、享受快乐，所以，现在学校有什么喜讯，谁家有什么喜事，甚至谁看到一个幽默段子，老师们都会通过校内邮箱上传分享。

市桥实验小学的老师们都记得，我来到市桥实验小学第一次和学校的老师们见面时，场面温馨，情意浓浓，《相逢是首歌》的音乐在耳边轻轻回荡，PPT课件上"您在我心中很重要"几个大字格外引人注目。一张热情的笑脸，一次用力地握手，一句真诚的话语，让在场的教师无不出乎意料而又倍感亲切。

我崇尚"和而不同"，尊重不同意见，理解教师独特的个性。在我看来，尊重和理解是走向"和而不同"的两大支柱，因此每个学期期末各项独具特色的教师荣誉称号评比，可以看作是这种"尊重"和"理解"的最好诠释。

（2）以活动的创新之举育根

育人在育根，所以我看重德育创新在"根教育"实践中的重要作用。我认为，在育根工程上，"根教育"追求的终极目标是"止于至善"。

我第一次和学校的全体学生见面时，大家都以为我会郑重其事、激情澎湃地演说自己勾画的蓝图。没想到，我说的第一句话是"同学们好"，但应者寥寥。"来，面带微笑，回答我一声'老师好'好吗？"我不急不躁，循循善诱。"老师好！""对！面带微笑，热情问好，这是一种礼貌，一种和善，一种友好！向你身边的同学说一声'您好'，向你身边的老师说一声'您好'，送上你的和善，送上你的友好。""老师您好！""同学您好！"整齐、稚嫩的声音回响在校园上空，竟然有一种诗的美感。

只要不外出，每天早上，我一定会站在学校门口，笑盈盈地迎接全校师生的到来。"您好！""早上好！"当一张洋溢着笑意的脸出现在师生的眼前时，当一句句热情的话语在师生的耳边响起时，早起的倦意一扫而光，蒙眬的睡眼陡然有神。"校长好！""校长早！""老师早！""老师好！""同学们好！"校门口，热情在传递，笑意在流动。一个个很平常的早晨就这样被我的一个微笑、一句问候演绎得多姿多彩、诗意盎然。

我不仅自己笑对学生，还在各个场合倡导教师向孩子微笑。在《给孩子们微笑吧》一文中，我写道：爱是一种情感的交流，只有把真挚的爱通过发自内心而又真诚的微笑传递给学生，才会激起他们对教师情感的回报。在学校里，我要求教师都要学会对学生微笑，因为微笑是一份涵养、是一份理解、是一份宽容、是一份尊重，更是一份和善。学生可以从教师的微笑中得到亲情和友情，得到鼓舞和力量！

我任职的三所学校，类似这样的创新活动有很多，如"爱读书的妈妈最漂亮""穿好衣服戴好校卡""大声唱响国歌""垃圾分类动动手""给小鸟一个家"等，我力图在"至善"中养成孩子们的"至德"。

在我的倡导下，"根教育"的德育工作不追求贪大求全，而致力于建立合宜的体系，注重情境设置，重视在实际生活中养成学生的德行，通过创设各种游戏、活动，增强学生的道德体验，丰富学生的精神世界。

（3）以课程的有机之境扎根

为了让儿童"扎根"，我尝试构建以"情境"为中心的课程结构，将学科课程、活动课程与优化的情境融成一个有机的整体，克服了单纯学科课程存在的重讲、轻练，重知识、轻能力的弊端。在这一模式下，学校的课堂是"生态课堂"，是人本课堂。在这样的课堂上，学生获得了自我发展的能力，拥有了自我扎根的能力。

在我任职的学校，每到星期一的中午，朗朗的读书声就会从四十多个教室里传出来。走近教室，你会发现，一个个学生手捧着书卷，或低声吟哦，或高声诵读，在举手投足之间、抑扬顿挫之中，俨然是一群群"小小国学家"。每当放学铃声响起的时候，全校各班的学生排着整齐的队伍，一边走，一边还吟诵着每周一诗。响亮的童音，十足的古韵，流淌着无穷的雅致，让校门口的行人无不啧啧称赞。

我任职学校的学生喜欢做操，因为他们的"阳光自编操"做起来有模有样。做早操时，一个小男生在队伍中耸着肩膀，一脸的得意。他时而做着踢毽子的动作，时而做着跳街舞的动作，时而跳跳绳，时而又拍拍球……如果问起学生做"阳光自编操"的感受，他们准会说："好玩看得见！"的确，好玩看得见！学校的"阳光自编操"一改传统广播操的沉闷乏味，融入了许多新鲜元素。

在这种课程的学习情境里，学生笑声不断，乐此不疲。

为了让课程切合实际，我亲自参与，带领教师开发出了"亲近经典""生活数学""快乐运动""快乐英语"四大模块的学科类课程和"引桥课程、节日类课程、社团类课程"三大模块的活动类课程，让学生健康、快乐、和谐成长。

为了让教师真正落实"生态课堂"，我经常随堂听课，亲自把脉，引领教师更新观念，真正做到了"以生为本"。

（4）以阅读的书香之味养根

我推崇读书。在我看来，缺少故事的童年是苍白的，没有书香的人生是灰色的，荒疏阅读的民族是没有未来的。基于这样的认识，"根教育"探索以"亲近经典"的理念为引领，以学科阅读、主题阅读、经典阅读、当代作家系列阅读等为主要领域，以课堂阅读、班级阅读、亲子阅读、社区阅读、自主阅读等为主要形式，以充满激励功能的星级阅读评价机制为主要支撑的儿童阅读文化生态圈，让校园书香弥漫，风气蔚然，让亲近经典的书香校园工程真正成为滋心养根的工程。

在每一届学校读书节上，我总会和学生一起高呼："爱读书的孩子更聪明！书是香的，还是甜的！"当稚嫩的声音在广场响起的时候，学生的脸上写满了欢愉和憧憬。

每一次家长会上，我谈得最多的也是阅读，如阅读哪些书目？怎么进行亲子共读？怎样提高孩子的阅读兴趣？我总是不遗余力地把苏霍姆林斯基的理念告诉给家长：一个智力正常的孩子学业不好，就是对文字不敏感造成的。要提高成绩，就要阅读。我还总说，读书是最好的美容方法。"爱读书的妈妈更漂亮！爱读书的爸爸更帅气！"阅读，既能带动孩子，又能让自己美起来。一举两得，何乐而不为。几句朴素的话常常让许多家长怦然心动。

在教师会上，我更是经常向教师推荐经典图书。我还喜欢以身边优秀教师为例来激励其他教师读书："你们看，肖老师工作方法独特有效，虽然年龄不小，气质却高雅如兰，就是因为她不断阅读。""你们看，康老师的课堂总是洋溢着浓浓的文化气息，就是因为她有了大量的阅读积淀。爱读书的老师最优雅！"在我的"鼓吹"下，学校爱读书的教师越来越多。

作为"教育部—中国移动中小学校长培训项目"影子校长培训基地，经常有全国各地的校长前来跟岗学习。每次座谈会上，我都会旁征博引，让人惊羡不已。"爱读书的校长更睿智！"面对来自全国各地的同行，我不时推销自己的"修炼"之道。

时至今日，静心阅读，已成为我任职学校最流行的时尚。

（5）以教师的成长之径守根

如何守住教育之根？我认为，要靠教师的专业成长。因此，"根教育"提出"做最好的自己"这一思想，旨在让每一位教师都成为"最好"，让每一位教师都能感受到自身的价值，都能享受到精神上的愉悦和幸福。

为了锻造名师队伍，学校倡导"三化"（学校教化，锻造学习型组织；科组强化，走校本草根教研之路；个体内化，提升职业认同感）"四模式"（导师引领模式、名师研修模式、课程开发模式、课题带动模式）。这种从经纬两度提出新思路，灵活有效的培训机制，保证了教师有序、健康地成长。

教育大计，教师为本。为此，我在学校中掀起了一股"专业化成长"的热潮：

做好规划。我信奉这样一句话："凡事预则立，不预则废。"所以，我要求每一位教师都要做好自己的五年规划，从目标设置到实施路径，从落实到评价，均须细列。

提升素养。我提倡共读共写，共同提高，并且我自己就做到了日读万字，日记千言。数年如一日，从不间断。如今，我写的教育日记已有整整二十大本。在我的影响带动下，学校大批教师日读万字，日记千言，不断提升自己的人文素养。

练习基本功。教师素养大赛每学期都会如期进行，时至今日，已举行了十多届。这一系列的技能比赛促进了教师基本技能水平的提升。

观课评教。学校的各个科组在观课评教方面独具特色，如语文科采用"微格观评，整体推进"的策略，数学科采用"应时而动，变中求进"的策略，英语科则采用"兵分三路，点面结合"的策略。

同伴互助。课例诊断式，提升专业水平；示范交流式，提供互助范例；依托教师博客，共享互助成果。

在我的引领下，学校涌现了一大批教育教学骨干教师，并在各类比赛中屡获佳绩，真正做到了"做最好的自己"。

"五根"之外，我还清醒地认识到，家长是学校教育的同路人。除了教师，家长、社区的支持也是学校发展的有力一翼。学校教育只有更加开放，重视家庭教育的启蒙与强化作用，包容家长的个体差异，才能收获更佳实效。

在我的教育实践中，家长、社区的支持屡屡成为巨大推力，使我渡过难关——在乡村小学工作期间，正是学校所在村的村主任个人出资，垫补教师工资，才让我顺利地稳定了教师队伍，为学校的改革发展赢得先机。社会力量的支持，是稳固的"护根工程"。

教育是成就人的事业，是对生命的塑造。正如泰戈尔所言，教育的目的是向人类传送生命的气息。学校的使命就是让生命更美好。因此教育要千方百计地为每一个生命的增值而不懈努力，为每一个生命的发展创造机会、提供舞台、给予帮助。

我曾在一篇文章中写道：

破土而出的树苗，心中一定有梦。

梦想着枝繁叶茂的时刻，梦想着花团锦簇的时刻，梦想着成为一棵参天的大树，看尽雾霭流岚，阅遍世间风雨。

我们就是这样的树苗。当我们还是种子的时候，有风吹过，要么流浪远方，要么植根土壤。我们选择了实验小学这片热土，将自己埋藏其中，汲取生存必需的养分。

有一天，我们探出脑袋，目光中充满新奇与渴望。新课改的太阳喷薄而出，教育改革的春风徐徐吹拂，明媚的春天充满了诗意。

风雨中，我们依然在拔节生长，因为我们知道，自己是一棵树。

我们是怀着梦想的一棵树苗，渴望长得更高，我们知道，自己所要的那种幸福，就在那片更高的天空。

作为教育人，我心中总是有一种种子和树的情结，根深蒂固，挥之不去。也许，每个教育人都渴望站成一棵挺直的树，种在教育的旷野，扎根、深固，期待着繁枝茂叶，飘香万里。

3. 扎"根"生力：以"套娃"思维促区域均衡

2015年10月8日，我被调到番禺城区的市桥中心小学担任校长。市桥中心小学是区小学龙头学校，是当地老百姓、家长、同行心中的品牌学校。我认为，像市桥中心小学这样的品牌学校在区域教育中应当发挥重要的引领作用。

作为教育部首期名校长培养工程领航班中的学员，在"教育家办学"以及"教育家成长"成为社会热词的话语背景下，应该有自己的清晰思考和定位，方能不迷失、不盲从、不盲动、不浮躁、不功利、不鲁莽。那么，这个清晰的思考和定位又是什么呢？

（1）培育全人，是教育家型校长的办学起点

《中国学生发展核心素养》的发布，标志着全人作为核心的教育价值取向已经成为我们教育领域的航标和号角。作为一个教育家型校长，其办学的起点理应聚焦在全人上。肩负着中华民族伟大复兴梦的未来建设者，他们的人文底蕴、科学精神、学会学习、健康生活、责任担当、实践创新六大素养将直接影响"中国梦"的实现和他们自身将来的幸福。因此，培养全面发展的人，是时代赋予我们的重要责任。

（2）唯诚求真，是教育家型校长的办学姿态

唯诚求真是我们应该具备的一种姿态。这种姿态就是对学生要诚心诚意地去爱他们、关心他们、尊重他们、呵护他们、鼓励他们，让他们全面发展成为最优秀的自己。讲到待人诚心诚意，我不由得想起四年前见到的那张动人的照片。照片中，习近平总书记亲赴四川芦山地震灾区，捧起骆俊诚小朋友的小脸蛋，给了一个深深的吻。照片中，习近平总书记轻轻地捧着俊诚的脸，嘟着嘴，微闭着眼，像一位慈祥的爷爷在亲吻着孙子——这景是真的，这情是真的。我们应该以此为榜样，发自内心去爱每一个学生。

这种姿态就我们自身而言，就是要真办学、办真学；真课改，真教研，真课堂；恪守教育的基本规律，不盲从，不盲动。在办学过程中，不要做《皇帝新装》中那个被骗子糊弄的皇帝，不要做那个画出斗牛图的戴嵩（戴嵩画斗牛，牛竖起尾巴。这是一个常识性错误。）不要动不动就说推出一个模式；不要常常讲进行了重大创新；不要轻易讲进行了理论的构建等等。其实，冷静想想，我们中或许就有那个被愚弄的皇帝，有那个被时人称为大师的戴嵩。作为教育家型校长，千万要站得住、守得稳，张开那双慧眼，办真的教育，真的爱学生，真的搞课改。

（3）慎思静气，是教育家型校长的办学气场

教育家既不是一朝一夕能成为的，也不是靠投机取巧能成为的，他们代表的不是荣誉，更不是称号，而是一种责任，是一座山峰，更是文明的标识。这责任、山峰、标识的背后，我们一定能从他们身上感受到一种强大的气场——慎思静气。

关于教育家型校长的"慎思"，我是从"博学之，审问之，慎思之，明辨之，笃行之"中得到启示的。老祖宗教导我们工作、为人要"慎思笃行"，

意思是我们必须广博地学习、审慎地询问、慎重地思索、明晰地辨析、踏实地履行，才能真正达到理想的学问境界和人生境界。在当下这个快速发展的社会大环境下，难道我们不应该"慎思"而后"笃行"吗？教育的本质就是培养人，就是培养适合社会发展和自身发展的具有终身学习能力的人，这个人就是全人。反思当下存在的种种反教育的行为，如果我们能"慎思"而后"笃行"，会出现"只要学不死，就往死里学"这些雷人的现象吗？如果我们能"慎思"而后"笃行"，会出现"宁停体育一节课，不丢语文一分钟"这样荒唐的做法吗？如果我们能"慎思"而后"笃行"，会出现"素质教育喊得震天响，应试教育做得扎扎实实"这样让人心痛的局面吗？

面对名利，面对荣誉，面对诱惑，我们要耐得住寂寞，守得住清贫，坚守教育本真，恪守教育规律。在工作中，在生活中，我们要"忙别人之所闲，闲别人之所忙"，不盲目跟风，不好瞎折腾。在与孩子成长相关的大是大非面前，我们要保持一种超凡脱俗的心灵状态，要有一种厚积薄发的精神气度。在与孩子成长相关的大是大非面前，我们要平心静气、心平气和，做到"每临大事有静气，不信今时无古贤"。

（4）格物致知，是教育家型校长的办学境界

做教育家型校长，办人民满意的教育，必须超越一己的、一时的功利才可能实现。因此，专心致志于自己的校长事业，就需要弘扬十年面壁、十年磨剑的执着精神和献身精神，这种精神就是一种"格物致知"的办学境界。所谓"格物致知"就是研究事物的原理，是讲求实事求是、讲究科学，要靠积极主动的实践来探索和发现事物的真相，不能盲目地接受过去认为的真理，要有自己的价值判断和价值选择。

说到"格物致知"，我就不由得想起王阳明先生于嘉靖六年在出征思田前同他的得意弟子钱德洪、王畿对话中讲的"无善无恶心之体，有善有恶意之动，知善知恶是良知，为善去恶是格物"，这被人称作的"四句教"或"天泉证道"的名言道出了教育家型校长该有的一种基本境界——为善去恶！

中则正，庸不易！在当下的教育改革大潮中，校长该如何做？我时刻牢记导师石中英教授的告诫："用正确的价值观来规范自己的办学行为，在具体的教育实践中形成和凝练自己的办学思想。"我愿意继续把教育之根深扎，恪守教育的基本规律，在与师生成长相关的大是大非面前，我要做一个明白人！在新的历史时刻，我们在讨论办学思想，我们在发展学生的核心素养。面对这

些问题时：我们应该坚守什么？我们应该追求什么？我们的立足点在哪里？当这些问题在心头浮现的时候，陶行知先生那句"捧着一颗心来，不带半根草去"便清晰地传到耳边。

青山不老，绿水长存。靡不有初，鲜克有终。愿全体同仁，外师造化，不忘初心；中得心源，慎始慎终。

于是，我通过区、市、省、国家教育主管部门成立的四级"校长工作室"这个平台，和校长同行分享办学经验、碰撞办学思想的火花、创新办学实践。这四级工作室如同一个"套娃"，一层覆盖一层，一级辐射一级，一层推动一层，在各个区域内有效地带动了一批校长，改变了一批学校，起到了良好的示范、引领、辐射作用。

作为教育部—中国移动"影子校长"项目的指导老师，自2006年至今，十多年来我已累计培训中西部中小学校长152名，我以一种同伴的心态，和"影子校长"一起紧抓管理的重点，一起走进课堂，把握住学校工作的核心；一起走进学生，站稳教育的原点；一起诊断学校，找到校长实践的起点。这有效提升了这些中西部地区小学校长的办学和治校能力，在全国范围内对义务教育均衡发展和城乡教育协调发展做出了应有的贡献，我的经验被收录在教育部人事司等单位编辑出版的《如影随形：走进影子培训基地学校》一书中，向全国公开推荐。就在上个月，我在国家教育行政学院的组织下，深入陕西商洛、安康等地的山区，为"乡村教师"提升工程奔波忙碌，我的办学经验和办学思想得到了当地教育局和参训校长的一致好评。

依托于广东省教育厅成立的"柯中明"名校长工作室，我带领来自省内相关地市的入室校长一起共同探讨学校的管理、改进与提升。自2008年起，我每年为全省革命老区、边远山区农村小学校长上课、传授经验，与他们共享管理的智慧，至今已经有25期了。在授课的同时，我热情地敞开校门，把任职的学校作为这些边远山区校长进修、学习的基地，努力做到了理论与实践的统一，实现了办学思想与办学实践的有机统一，为这些校长同行提供了一个可借鉴的样本。与此同时，我还每年深入边远地区，走进学校，跟当地的校长同行一起探讨、一起学习，对当地学校进行发展诊断，为他们分忧解难。在此基础上，我和其中的一些学校还结成了"城乡学校共同发展联盟"，这些学校中既有边远山区的教学点，也有都市中的薄弱民办学校。经过几年的努力，这些"联盟学校"发生了很大的改变。在办学实践层面相互探讨的同时，我还积极学习、主动思考，依靠便利的通信手段，与大家一起切磋、一起反思，组成学习共同体，一起提升办学思想。

作为广州市"卓越校长"培养工程的实践导师和广州市番禺区"名校长"工作室主持人，我还积极在市区内带领着工作室成员一起努力、一起探索，为区域内教育的均衡发展尽心尽力。作为教育部名校长"领航工程"的学员，我深知"领航"二字背后的责任与期待，平日里我不敢丝毫马虎，严格要求自己，积极探索教育的真谛，积极投入办学实践中。我的结对帮扶经验在2017年的2月17日已在报刊上发表。

强者遇挫愈强，勇者遇险愈勇。面对艰难与挑战，我抖擞精神，全力以赴，投入新的航程之中。

专家点评：石中英教授

柯中明校长不忘初心，矢志于教育，几十年如一日，耕耘在教育一线，努力造就向善、求真、健美的人格健全的儿童；他秉持一颗童心，坚持做孩子们的大朋友，能够敏锐地观察到孩子们成长的渴望和需要，努力为孩子们创设最好的学习与发展环境；他尊重规律，敢于担当，知难而进，守正创新，努力把握和彰显时代的教育精神；他虚怀若谷，低调做人，踏实做事，积极向一切进步的教育工作者学习，逐渐形成个人独特的教育教学和管理风格。他和他的团队伙伴们生动地诠释了"根教育"的丰富内涵，激活了学校师生和员工的活力，表达了中国教育工作者的使命、理想、责任和情怀，增强了全球化背景下中国基础教育改革的文化自信。

二、校长感悟——常学常新，学无止境

我从一个农村学生考入师范学校，成为农村教师，那是我在教师的鼓励下认真学习的结果；我从一个农村教师成为一个农村小学校长，也是学习的结果。当上校长后，我很快就通过了广州市校长资格培训考试。然而，我并没有满足于此，而是继续利用各种机会学习。

1. 村小校长进京学习

2006年11月，我经过广东省教育厅的推荐，前往北京师范大学的教育部小学校长培训中心，参加全国优秀校长高级培训班的学习。这真是一个难得的学习机会，让我抬起头看到了外面的天空是如此广阔，也让我看到了自己的很多

不足。在北京的学习生活是紧张而丰富的，我在课堂上认真听讲，积极思考，在课后利用一切机会和来自全国各地的63个校长学员沟通交流；遇到难题我去请教导师，到各校参观完仔细总结、细心学习。我尽情地呼吸着这浓郁的学术气息，我尽情地享受这丰盛的学术盛宴。周末休息时间我也没有放松，而是去拜访王文湛先生、楚江亭教授、顾明远先生等。正是因为我的认真和刻苦，北京师范大学校长中心推荐我给2006届本科班的学生开讲座。

这次学习使我受益匪浅，使我明白校长不能做拉磨的驴。作为校长，不能只顾低头苦干，而不抬头看路。如果一味地死干、苦干，结果自己干得很累，教师干得很累，学校的成绩也不突出。有人说，有文化的人不俗，有本领的人不愁，有预算的人不穷，有原则的人不乱，有规划的人不忙。这句话用在做校长的人身上非常适宜。驴之所以是驴，是因为其不能反思，不能抬头看路。我认为校长不能成为那种拉磨的驴，而要充分认识自己，及时反思自己，使自己成为一个优秀的校长，使自己管理的学校成为一所优秀的学校！

在北师大校长小学校长培训中心学习后，我更加发奋学习了，更加勤于反思了，并陆续参加了广州市教育专家培养班、广东省百千万名校长培养工程，直至参加教育部领航校长工程。常学常新，学无止境。

2. 领航：校长要向教育家办学转向

为培养一批具有较大社会影响力、能够在基础教育事业发展中发挥示范引领作用的教育家型校长，教育部启动了"中小学名校长领航班"的国家级培训工程。经过广东省教育厅的推荐，我再次被北京师范大学小学校长培训中心录取，这让我既深感荣幸，又倍感压力。因为成为具有"赤诚教育之爱、理性思维能力、创新实践能力、开阔国际视野和自居责任担当"的教育家型校长，是我心中的梦，也是我工作的时代使命。作为一个校长，能遇上这样的好时代，理应在自己的工作岗位上做出应有的成绩，使自己的专业成长与时代使命和中华民族伟大复兴的"中国梦"有机地结合起来。

（1）教育家型校长应该具有哲学思辨能力

教育家型校长与一般的校长就其基本使命和责任担当而言，两者是一样的，但这种使命和担当背后所折射的哲学思辨能力，则是两者的最大不同之处。哲学即是一种思维方式，也是一种精神结构，它充满了理性的智慧，洋溢着理性的激情，喷发出突破性的精神力量，它是我们科学认识世界和认识自己的最有力的工具。古今中外的教育家大多数是哲学家，如苏格拉底、亚里士多德、卢梭、福禄贝尔、杜威、孔子、老子、朱熹、陶行知等。这些在教育史上熠熠生辉的巨人，其背后的教育思想无不折射着哲学的光芒。因此，作为教育家型校长，一定要具备哲学思辨能力。

教育家在具体的历史年代能坚守真理，恪守教育基本规律，不会因为外在的诱惑、压力、干扰而迷失方向。在当下的教育领域，我们迫切地需要这样的教育家。现今，各种急功近利的思潮、各种喧嚣浮躁的信息、各种光怪陆离现象纷至沓来，导致社会处于躁动状态——今天你搞一个模式，明天我弄一个经验；今天你举办一个现场会，明天我组织一个推介会；今天你申报一个课题，明天我出一本专著……更加令人惊讶的是，在我们的身边还在重复着"工业学大庆，农业学大寨"般的集体躁动；在我们身边还在发生着"人云亦云""拾人牙慧"的故事。对此，我总是喜欢用这样的一个故事来警醒自己：

宋朝时期，河南有一个著名小镇，小镇车水马龙，十分繁华。一日，小镇大集，集市上，一位卖枣的老翁高声吆喝："买枣啦，买枣啦，大枣小核，小枣没核！"这吆喝声还真灵，一会儿他的枣就卖完了。旁边有一位卖核桃的小伙子见此情景，也学着老翁大声吆喝起来："买核桃了，买核桃了，大核桃小仁儿，小核桃没仁儿！"

在嘲笑"卖核桃"的小伙时，我们可否把眼光回到校长自身？这样浮躁、盲从的做法和想法在我们的校长身上是否也存在过？对此，我保持着高度的警惕。从这个意义上讲，努力克服这些弊端，回归教育的本真，恪守教育的原则，就成了教育家型校长的必然选择。

（2）教育家型校长的价值追问

问题是时代的声音，是时代的呼唤，也是时代的印记。哲学家是善于思考、敢于思考的人，不会回避问题。哲学发源于困惑、疑惑与问题。一部哲学史，从一定意义上说，就是面对时代问题、分析时代问题、解决时代问题的历史。教育同样如此，教育家型校长就应该勇于面对教育的各种问题，科学、冷静地分析我们教育面临的各种难题，最终找到解决这些问题的办法与措施。一位具有哲学思辨能力的教育家，他的心中一定具有强烈的问题意识。

从表面看，教育领域面临的困难基本可以概括为教育体制不合理、教育评价不科学、教育资源不均匀、教育目的不明确和教育心态不平静。冷静分析这些问题，我们不难发现这些问题的背后所折射的就是教育价值取向的扭曲。基于此，我总会进一步追问并明晰：教育是什么？学校是什么？儿童是什么？校长是什么？……

①教育是什么？

"教育是什么？"这是我们每个教育工作者必须要认真思考和回答的问题，尤其是教育家型校长。这个问题没有弄清楚，会直接导致教育思想的缺失、教育价值的错位。古今中外的教育家对此早就做出了精准的解释，如梁启超先生认为，教育就是教会人学做"现代的"的人；陶行知先生认为"教育即生活"；杜威先生认为，教育就是"生活、生长、经验的改造"。教育作为一种社会化的活动，它指向的是心灵的净化，传递的是经验、知识、技能，增长的是智慧，陶冶的是情操，丰满的是思想。正如福禄贝尔所讲："人的教育就是激发和教导作为一种自我觉醒中的、具有思想和理智的生物的人有意识地和自觉地、完美无缺地表现内在的法则，即上帝精神，并指明达到这一目的的途径和手段。"我认为，教育就是按照自然的规律、天性，构建好的外在环境，让人能自由、完满发展的一种文化活动和文化过程；这种文化活动和文化过程，不是工业的规模生产，而是一种农业个性耕耘。

②学校是什么？

在完成对"教育"的追问后，校长要追问的问题就是"学校是什么？"不同的办学思想会营造不同的学校生态，不同的学校生态就会产生不同的教育结果。因此，对于"学校是什么？"的追问就显得十分有必要了。在古希腊语中，"学校"有"闲暇之地"的意思。按照这种理解，我认为学校就是一个自由的、宁静的、安全的场所。我认为，学校是师生共同生长的物理空间、情感空间和思想空间。在这个空间里，校长的使命就是使之洋溢着自由、轻松、快乐和愉悦。在这里，知识的获得、情感的交流、技能的提高、思想的熏陶、品行的养成与周围的世界构成了一个和谐、自然的生态圈。

在这个生态圈里，校园里的一草一木是景观、是资源、是课程，更是文化；校园里的每一个人既是相互学习的对象，也是相互教育的对象。在这个生态圈里，师生的心灵可以自由绽放，师生的生命可以快乐绽放；在这个生态圈里，无论是身体还是精神，都是自由的、安全的；在这个生态圈里，有种温馨的气息，关爱、友善、真诚、尚美如同涓涓细流的溪水，时刻滋润着彼此的心田。

③ 儿童是什么?

小学校长工作的对象是儿童。我认为儿童不仅是我的服务对象,还是校长专业发展的载体,离开了儿童,校长就失去了存在的必要。因此,教育家型校长一定准确地回答"儿童是什么?"这个问题。在这个问题前,不同的人有不同回答。有人认为,儿童是一张"白纸",等待教育去描绘;有人认为儿童是个"容器",等待教育去灌装。我则认为,儿童是一颗种子。它在等待教师提供生长的土壤、肥料、水分,等待教师把它放在阳光下,给它充足的空气。只要这颗种子按照生长的自然规律,精心地、细心地、耐心地耕耘,它一定就能破土而出,茁壮成长,就一定能枝繁叶茂,结出累累的硕果。对于我而言,教育就是把"德之根、智之根、体之根、美之根"的种子播撒在儿童的心田,让儿童在学校文化的熏陶下,在教师的精心培育下,成为具有至善之心、灵慧之气、康健之体、高雅之行的"现代中国人",这个人一定是全面发展的人。

④ 校长是什么?

通过上面的追问,我知道:教育是种个性化极强的"农业"文化,学校是师生生命共同成长的"闲暇之地",儿童是一颗"种子"。有了这些回答,"校长是什么?"这个问题就很自然地得到答案——校长是农夫。当"农夫"成为教育家型校长的象征词时,我用福禄贝尔在《人的教育》中说过的一段话诠释:"为了进一步接受大自然的教训,葡萄藤应当被修剪,但修剪本身不会给葡萄藤带来葡萄,相反的,不管出自多么良好的意图,如果园丁不是十分耐心地、小心地顺应植物本性的话,葡萄藤可能会由于修剪而被彻底毁灭,至少它的肥力和结果能力会被破坏。" 由此可见,校长与学生的关系,就像园丁和葡萄藤。站在"农夫"这个角度来审视校长的工作,我在对待儿童的时候,总是严格尊重儿童的本性、天性和个性,严格遵循教育的规律,精心、耐心、细心地对待儿童,拒绝一切功利的、浮躁的、专横的、粗暴的干预和训斥。

教育家型校长是时代赋予像我这样一些校长的重要使命。我总是站在历史的高度,顺应社会发展的潮流,恪守教育的基本规律,用哲学思辨的价值观来办学,这样就能端正办学价值取向,树立正确的办学思想,生成并凝练自己的办学理念,营造出积极向上的学校氛围。也只有这样,才有可能成为教育家型校长。

3. 跟岗:换只眼睛看自己

"横看成岭侧成峰,远近高低各不同。不识庐山真面目,只缘身在此山中。"我们做校长的，日子一久，就有种越来越不认识自己的感觉。为了避免这样的情况，我总是争取各种机会外出挂职学习，让自己有机会跳出自我、跳出学校来重新认识自己、反思自己，从而找到自己的不足，也找到学校管理的薄弱环节。

如何去向别人学习？从做人的角度来讲，那就是摆正自己的位置，认清自己的角色，尽快融入挂职单位中去。我给自己做了角色定位：是学习者，不是领导者；是局内人，不是旁观者；是客人，不是主人。我给自己的目标就是：多看、多思、多写。现在回过头去总结自己的经验与体会，我简单概括为三个字：跳、沉、架。所谓"跳"就是跳出去，回头看；所谓"沉"就是沉下来，潜心学；所谓"架"就是架座桥，固成果。

（1）跳出去，回头看

离开居住的城市，离开工作的学校，离开熟悉的师生，到一个新的天地去学习。这种离开不是一种简单的物体位移，不是单纯的空间转换，而是思维方式、学习环境的大调整。要想达到能把问题看得深、能把问题抓得住、能把解决方法找得准的要求，就必须使自己站到一个新的高度上来。这就是我的第一个体会：跳。那么，在学习的过程中是如何"跳"呢？

①跳出去，找个平面镜，全面反思自己。

俗话说得好，人总是看不到自己的鼻尖。要看到自己的不足，就得找面镜子。所谓的平面镜就是学习单位的领导、师生，以他们为参照系来看自己的不足。找到自己的不足后，仔细地分析存在不足的原因，探究弥补不足的办法。

例如，有一次，在我挂职时，挂职学校的副校长草拟了一份科研工作方案，行政会上，学校的大部分行政人员对此都表示赞同。这时，学校的校长发言说："这份方案确实好，我们学校也确实需要开展这方面的工作，副校长的行为是值得我们大家学习的。只是大家有没有想过这样的问题，假如我们是老师，他们会怎样来看这个问题？本周，我们要接受全市校园卫生、安全检查，同时还要进行第二次学科检测，这么多的工作挤在一起，假如我们又临时把校本科研的工作加上，老师心里是不是有些其他看法？等这些工作结束后我们再来布置这项工作，效果是不是会好些？"

校长的话立刻引起了在座行政人员的思考，也给了我警醒。在我的日常工作中，我也经常犯这种想当然的错误。考虑问题、布置工作往往站在自己的立场上，没有养成换位思考的习惯。同样的工作，在不同的情况下布置，收到的效果会大不相同。这件事使我认识到：工作时，假如把出发点和立足点放在老师身上，就会激发老师的工作热情；反之，假如工作的时候一味想到的是自己，总是从自己的角度来思考，就会使老师产生消极情绪，甚至是抵触情绪。

②跳出去，找个放大镜，认真学习人家的长处。

平面镜的主要作用是帮助自己找到自身的不足，光做到这点是不够的。我认为外出挂职学习，更要找到人家学校的长处，并找到形成这种长处的轨迹。浮光掠影、走马观花的浏览方法是不可行的，必须要态度谦卑，仔细观察。说通俗点，就是要拿放大镜观察别人的长处，用定格的方法研究别人的长处，脚踏实地地学习别人的长处。

我所挂职学习的学校优点非常多，办学成绩也非常突出。经过一段时间的观察，我发现这所学校与办学单位的关系十分融洽，办学单位不但在行动上支持，而且在经费上也给予足够的保证。一次，学校要组织学生参加市里的比赛，办学单位领导主动把自己的公务车派到学校，同时还叫学校的出纳去领取几千元的活动经费。要知道，当时我在农村小学任职，还在为捉襟见肘的办学经费而苦恼！

为什么双方关系会如此融洽？我发现，学校跟办学单位沟通的时候有这么几个原则：

第一，努力工作，争取在各级各类比赛中取得佳绩，为办学单位争光。

第二，建立工作汇报机制，学校有专人定时总结学校的工作，并及时向办学单位递交书面报告。

第三，主动为办学单位分担工作。在居委会换届选举的时候，学校在周末派出了全体老师去做选民登记、选票统计等杂务，并向广大居民宣传选举的意义。

以上原则没有出现在学校的任何规章制度里面，是一种潜规则，是一种亚文化。它不是明文规定的条文，是我自己经过仔细观察总结出来的。这种有效的工作方法，我们挂职学习的人员如果不用放大镜去仔细"扫描"，就很难学到。

③跳出去，找个望远镜，用心规划学校的蓝图。

今天的学习是为了明天的超越，这是我们的期望。怎样才能超越？简单的模仿、亦步亦趋的学习肯定不行；不顾实际，一味地照抄照搬，也只是多了个"东施效颦"的笑话而已。为此，我的体会是，在找到平面镜、放大镜之后，应该再跳高点，去找个望远镜。正所谓站得高、看得远。

我发现学校品牌的形成离不开因地制宜、精心策划的学校发展规划。规划的定位、措施直接影响着学校地位。因此，我一边在外学习，一边组织学校的行政人员外出学习，然后聘请专家做顾问，精心编制了自己学校的发展规划。

（2）沉下来，潜心学

跳得越高，是为了沉得越深。只有跳得高才能看得远，只有沉得深才能看得清。在挂职学习的过程中，我时刻告诫自己：机会难得，一定要深入实际、脚踏实地地去学。

①沉到学校的领导集体中去，学习先进的管理经验。

校长挂职学习的目的非常明确，就是提高自己的管理水平。要提高自己的管理水平就必须深入到学校的领导集体中去，特别是对于校长这个核心人物而言。在这方面，我的体会是：一要跟得紧，学校的各种行政例会、教师例会、教研活动都要全程参加；二要跟得巧，遇到特别敏感和隐私的问题，要学会回避；三要有重点，我把整个挂职过程进行了一个简单的划分——第一阶段全面熟悉学校情况，第二阶段学习校长的管理方法，第三阶段学习教学管理和科研管理，第四阶段学习后勤安全管理。

我在学习的过程中，做到了多听、多看、多做、多写但不评价。除此以外，我还带着问题有针对性地去请教别人。例如，制定学校的发展规划这类问题就去请教校长，与家长进行沟通这类问题就去请教主管德育的副校长。这样把学校管理工作进行简单的切割，有重点地去学习，一来学得透，二来又不干扰挂职学校的正常工作秩序。

②沉到师生队伍中去，体会学校优良的校风。

学校管理的效果直接体现在老师和学生的身上，在挂职学习过程中，除了深入领导集体，我还抓住一切机会与学校的老师和学生进行沟通交流。从老师和学生身上去学习学校管理的方法。

这方面，有两件事让我印象特别深。第一件事，学校每到放学的时候，广播里就播放一段悦耳动听的乐曲，之后会有一个高年级的同学在广播里提醒大家，"同学们，经过一天紧张的学习，我们完成了今天的学习任务。现在，请大家收拾好课桌椅，收拾好心情，安静地离开学校。离校前，同学们要感谢老师们一天辛勤的工作。过马路时，请一定要遵守交通规则，注意安全。回到家，要主动向父母问好，及时完成家庭作业。同学们，再见！"在与老师的聊天中，我得知这段广播是负责学生纪律考评的少先队辅导员和音乐老师合作的杰作。

另一件事，我刚到学校的时候，发现整个校园非常干净整洁，但令人奇怪的是校园内竟然没有一个垃圾桶！学生的垃圾放在哪里？我一直在观察着。有一天我到班级听课，发现旁边的一个男孩把用完的草稿纸放在书包的一个食品袋中。下课后，我把他请到走廊聊天，问他为什么这样做。这个孩子说："我们每个人随手把垃圾放进自己的整理袋中，这样我们的教室就会非常干净整洁，我们的校园就会干净整洁。"

从小男孩的回答中，我感受到了挂职学校的优良校风。同时，我也从这些观察到的细节中领悟到：学校管理就是这么"小"！学校管理就应该从小处抓起！一个不重视细节管理的学校不可能成为一个真正意义上的育人场所。十年后我所在的学校荣获广州市垃圾分类处理示范校，正是因为我借鉴了当年学习的经验。

③沉到档案室中去，感受学校文化的积淀过程。

学习过程中，我除了在学校的管理环节、教育教学活动、师生的精神面貌等方面去留意观察、去体会、去领悟学校文化以外，我还特意请示挂职学校的校长，想去学校档案室学习。我有自己的想法。

首先，档案室是学校文化积淀的记录者和见证者，一个学校的档案室能详细记录一个学校的历史。而学校文化的生成与积淀本身就是历史的沉积过程，是优秀文化的传承过程，是革故鼎新的改革创新过程。走进学校档案室，打开发黄的档案袋，掀开尘封标签，触摸一袋袋档案，观赏一张张图片，学校文化积淀的足迹就会跃然眼前。

其次，从档案中能找到管理的灵感。学校档案用无声的语言诉说着学校的历史，作为学校领导的我应该从历史当中寻求思想的灵感。档案里，有学校工作的经验，有成功的做法、失败的教训，这种原生态的呈现是最真实的记录。我无意中在一个档案袋里看到一份"学校发展委员会名单"，名单里不仅有家长、当地领导、当地的名流，还有高校的专家。这种人员组成结构合理，能使学校的发展具有稳健性和前瞻性。作为一个外地来的校长，我所缺乏的就是这些能为学校发展提供良策的机构。于是，我回到自己的学校后，就立刻组建了同样的委员会。事实证明，这个委员会的成立有力地推动了学校的健康发展，而这个灵感就来源于档案中的这份名单。

④ 沉到经典的著作中去，与中外教育名家进行精神对话。

在外出挂职学习过程中，我觉得最惬意的是"无官一身轻"的状态，自己可以掌握的时间非常多。于是，我充分利用这段难得的日子，给自己制订了一个读书计划，详细研读教育经典。当自己静下心来读书时，就会觉得这种读书过程其实是精神的升华过程。正所谓读书如水，润物无声。当静下心来读书时，就会觉得自己是在用头脑思考问题。当静下心来读书时，就如同在与陶行知探讨生活教育的真谛，与李镇西交流对爱心教育的体会。这种身心浸润经典的体验，如同品尝醇厚的清泉，令人心旷神怡。

"自静其心延寿命，无求于物长精神。"要研读经典，就必须静下心来。静下心来时，我发觉自己的许多困惑在顷刻间得到了解答，觉得自己原来也可以与教育大师有思想的共鸣。

（3）架座桥，固成果

教育信息的获取与利用，对于个人的成长非常有用。挂职学习，我既把它当作学习的过程，也把它当作"架桥"的过程。所谓"架桥"是指架起与挂职学校之间的沟通之桥、合作之桥、友谊之桥。让两所学校的行政领导、两所学校的师生进行融洽的交流，在交流的过程中传递信息、传递友情、增长知识、增长才干。我除了向国内的同行学习，也利用公派学习的机会向美国、芬兰等国家的校长、专家学习，这些经历同样大大丰富了我的见闻，拓宽了我的视野，提升了我的办学思想理念。

4. 蹲下：把自己变成孩子

我生于农村、长于农村，我非常崇敬自然，向往自由快乐的学校生活。我提炼的"根教育"理念在很大程度上源于我的成长经历。我总是畅想这样的学校场面——"西风梨枣山园，儿童偷把长竿"。我也理解并尊重童心。可爱、童趣、聪慧——这就是童年，这就是小学教育所应该追求的！因此，我认为首要使命就是把校园还给孩子！

在对待孩子的问题上，很多人都认为自己是充满着爱和关怀的。而实际情况呢？每每这么一追问，我就会用德国作家凯斯特纳的一句话来告诫自己和我的同事，"很多人像对待一项旧帽子一样把自己的童年丢在一边，把它们像一个不用了的电话号码那样忘得一干二净。以前他们都曾经是孩子，后来他们都长大了，可他们现在又如何呢？只有那些已经长大却仍然保持了童心的人，才是真正的人"。从凯斯特的话中我们不难得到这样一个启示：要保持一颗童心！只有保持了一颗童心，方能成为一个正常的成人；只有保持了一颗童心，方能成为一个合格的教师！只有让童心舒展，方能成为真正的学校！只有让孩子永葆童心，才是真正的素质教育！

我不停地追问自己：学校为什么而存在？细加思考，这个问题不难回答——为了孩子而存在。因此，我总是对同事们不停地讲"把校园还给孩子"。我总是在追求一种理想的、自然的教育境界：校长和老师如同农夫，细心照料着这些苗壮成长的幼苗，不辞辛劳，虽苦也甜；孩子如同庄稼，春华秋实，自然而快乐地生长着。在我任职的校园里，不需要激素、不需要膨胀剂、不需要助长剂，需要的是农家肥，需要的是自然的阳光、雨露。我的这一理念经过二十多年的积淀，凝聚成一句话——"守住教育之根，培养全面发展的人"！在日常工作中，我引领教师"要把学校的一切伸张到大自然去"（叶圣陶），这样的目的就是让教育的价值、教育的目的、教育的结果真正落实到教育的原点上来——教育即自然生长（卢梭）。我们要做到"了解童心，激发童趣，培育童情，宽容童言，呵护童真"。

"把校园还给孩子"，目的是让学校成为孩子生活的家园、学习的乐园、创新的花园。正如美国思想家梭罗认为的那样，"好学校是一方池塘"，让孩子成为校园的主人，校园就是自由的、闲暇的、平等的、博爱的、友善的、真诚的、求真的、唯美的。在这样的学校里，就会吹拂着关爱之风、涌动着创新之情、洋溢着快乐之感、流淌着求真之美。

保持同一视线——与孩子一起对世界充满好奇心。

小学生童心未泯，对世界的一切都充满好奇心。我非常欣赏哈佛大学校长陆登庭在"世界著名大学论坛"上讲的这样一句话，"如果没有好奇心和纯粹的求知欲为动力，就不可能产生那些对人类和社会具有巨大价值的发明创造"。文翁同学能画一手好画，在他的笔下，校园的花是可以说话的，校园的树是可以谈心的，校园的草是可以聊天的。他对一切都充满好奇，一只爬行的蚂蚁，一条游动的小鱼，一朵飘动的云朵都能让他产生丰富的联想。老师、家长对这样的好奇心颇费脑筋，认为这样会影响学习，耽误学业。甚至有人对我讲："画那些乱七八糟的画能考上好学校吗？"据调查，在现实生活中，这样的家长和老师很多，我没有对此视若无睹，我一边耐心地说服家长，一边引导老师改变观念，一边创设适合孩子幻想的空间。这一切都是为了保护一颗好奇的心，不让成人的视线代替了那好奇的眼睛！

保持同一话语——与孩子一起做梦。

"校长，您说过让我们春游的，怎么现在还不去啊？"一个学生在校园内"逮住"我问。班主任见此情形，赶紧来制止这个"越级上访者"，我倒是非常享受这样的待遇，并鼓励孩子来找我聊天。

小学生有他们独有的话语——低年级的天真、烂漫，高年级的扮酷、青涩，"装成熟，扮内敛"。但是，无论哪个年级的孩子，他们心中都有一个梦想，都希望自己能得到老师的关心和同学的帮助。我根据孩子的年龄特征，跟低年级的孩子讲话就"懵懵懂懂、稀里糊涂"，同他们一起幻想；遇到高年级的孩子，我讲话就扮酷、卖萌，网络新词也不时讲几个！在讲话的时候，我努力和他们使用同一种话语体系，与他们一起欢乐、一起忧伤、一起激动、一起沉思。这样久了，他们真的把我当朋友了，什么事都同这位可爱的校长讲，平日里，在校园中、网络上，我总是和孩子们聊得很欢！

保持同一心态——和孩子们一起自由呼吸。

美国哲学家怀特海在《教育的目的》中说，"通往智慧的唯一道路是在知识面前享有自由""自由是教育的必然目标之一"。自由，对教育、对孩子来讲太重要了！没有自由，就没有教育。我努力和孩子保持同样的自由心态，与孩子们一起呼吸，与孩子们一起奔跑！

为了给孩子营造自由的成长空间，我反复做教师和家长的工作：不要给孩子布置太多的作业，不要给孩子太多的压力。孩子只有在自由的环境中才能成才、成人，过多的作业真的是"饮鸩止渴"！为此，我在校内制订了考评制度，严禁教师布置过多的作业；在校外，我与家长一起协商建立无家庭作业日。在"无家庭作业日"，学生不做任何书面作业，只被要求和家长聊天半小时、做家务半小时和阅读半小时。我称之为"三个半"。没有给孩子布置作业，没有让孩子去学习，其背后所蕴含的教育意义和教育价值远远不是那几道练习题所能比拟的！

"学校"是什么？教育的基本点是发展、是成长，而人的发展和成长只有在适合的环境中才能顺利完成。因此，我非常欣赏希腊语中关于学校的解释。在希腊语中，学校的意思就是"闲暇"，学生必须有充裕的时间体验和沉思，才能自由地发展其心智能力。这就是我心目中理想的学校！这就是我讲的

"把校园还给孩子"的意义所在！只有把校园还给了孩子，才能真正实现校园里的一切都是属于孩子的，学习的兴趣是孩子的，学习的主动权也是孩子的。这样就能让孩子在发展和成长中得到健康和快乐！这也是"根教育"所倡导的深层价值。

保持同一微笑——和孩子一起快乐。

快乐成长，快乐学习，快乐生活，这是我对孩子的承诺！

孩子天生是快乐的，如何让孩子把这样的快乐延续和发展下去是一个很有意思的问题。"请让你的眼睛看着我的眼睛！哦，对了，你的眼睛里有我的影子；你发现没有，我的眼睛里也有你的影子！""我看到了，我看到了！校长，您的眼睛里真的有我！"这样的对话经常发生在我和孩子的交往当中。遇到羞涩的孩子，我不是去教育他，而是与他坐在一起或蹲在一起，做刚才那种游戏。凡是经过了这样的互动，我任职学校的孩子没有一个不笑容满面的，没有一个不欢欣雀跃的。

"同学们，请微微把嘴张开，向两边微微咧开。嗯，就是这样！哦，对了，我看到你们的牙齿了，刚好八颗！"这是我在全校师生会议上跟孩子互动的一个环节！每当全校集会，我总能感受到孩子们火一般的热情。笑脸就是鲜花，在这样的环境中工作和学习是多么幸福的一件事情！礼仪专家说，能打动人心的微笑要做到"三八"，即在三米远处能看到对方的八颗牙齿。我就是根据这个观点来引导我们的孩子的。

"壮观！震撼！"这是所有到访我任职学校的客人发出的赞叹。张张笑脸，如同朵朵艳丽的花绽放在学校的大堂里，成为学校一道拨动师生心弦的风景！一个孩子都不少，每个孩子都一样——露出灿烂的笑容，展示勃勃的生机，彰显生命的精彩！三百多平方米的笑脸墙传递着一种观念——只要孩子在校园里的生活、学习是快乐的，这样的学校就是有生命价值和人文情怀的学校！

微笑是内心快乐的展现！微笑是我和孩子交往的符号！微笑更是我对学生的承诺！

校园是属于孩子的。随着社会的发展，教育的方法与思想也在发生着变化。但是，有一个永远不变的理念是我们每个教育者都应该坚守的——呵护孩子的童真！童年是天真的，童年是烂漫的，作为小学教育者，我们是学生前行的引路人，需要和孩子们保持着同一个步伐、同一个心态、同一个视角。在抱怨社会已经远离了本真的生态后，我们应该做些什么呢？当回味小时候自己下河摸虾、上树掏鸟蛋的自由和快乐时，我们又该做些什么？我时常如此思索。

"忆年十五心尚孩，健如黄犊走复来。庭前八月梨枣熟，一日上树能千回。"是杜甫对童年生活的写照，今天的孩子却很少能感同身受。每一个孩子都是一朵花，天真无邪；每一个孩子心中都有一个梦，如同晶莹的露珠，明亮透彻！可爱、童趣、聪慧——这就是童年，这就是小学教育所应该追求的！

尊重、呵护、引领——与孩子同一个姿态、心态，这就是我的教育方式。营造一个安全、舒心、快乐的校园，并把这个校园还给孩子，这就是我的使命！

学然后知不足。通过挂职学习、外出进修，我拓展了自己的视野，增长了自己的知识，丰富了自己的人生体验，但我觉得收获最大的是自己能跳出去，沉下来，换只眼睛看自己。我看到了自己的不足，学会了反思，而反思才会明理，反省才能明智。

三、结语——名非天造，贵在引领

作为广东省名校长工作室的主持人、教育部领航校长，面对新的教育形势，我总是不满足于现状。我时刻在思索：该怎样完成这样的神圣使命呢？

如果说省名校长工作室主持人是一种荣誉，那么对于这种荣誉，我的理解就是：名非天造，必从其实。

因此，名副其实、引领示范才是教育家型校长的追求！